U0544702

存在的勇氣

會害怕也沒關係！
其實，你可以比想像的更勇敢

The Courage to Be

保羅·田立克 Paul Tillich 著
梁永安 譯

“「存在的勇氣」不只是生存的勇氣，
而是個體如何與「存有」建立關係，
並勇敢的面對「非存有」。”

這本書最初出版於 1952 年，運用許多哲學與神學的概念來探討，
並融合了存在主義（Existentialism）與存有論（Ontology），
這兩者雖然概念不同，但在「焦慮」這個主題上產生了交會。

- 存在（Existence）：較現象學的概念，指的是個體事物的具體存在方式。
- 存有（Being）：較本體論（存有論）的概念，指的是「存有本身」或「存在的根本」，超越個體層面。雖然原文書名使用此字，但中文書名改用「存在」以利可以更好的解釋，個體如何在實在界的日常生活中活出對「存有」的覺察與肯定。

一張表，看懂本書

章節	勇氣的類型	核心內容
第一章	存在的勇氣	勇氣是勇於面對「非存有」的焦慮，做出「存有」的選擇
第二章	實有性焦慮與勇氣	對命運與死亡的威脅、對罪疚與天譴的威脅、對空虛與無意義感的威脅所具有的勇氣
第三章	病態焦慮與勇氣	個體未能健康的面對實有性焦慮，導致心理困擾，甚至演變成精神官能症
第四章	做為部分存在的勇氣（融入群體）	透過成為群體的一部分，克服焦慮
第五章	做為一己存在的勇氣（個體化）	不依賴群體，個體勇於自我肯定
第六章	絕對信仰（接受「接受」的勇氣）	不再透過對抗、選擇或建立意義來獲得勇氣，而是接受自己的有限性、死亡、無意義，仍然選擇活下去

目次

推薦序

存在心理學最成功的辯證

《存在的勇氣》奠定了存在心理學的基礎，但國內還沒有充分認識作者保羅．田立克的貢獻。

對焦慮的新觀點

做為一位哲學家與神學家，他對焦慮理論提出了革命性的觀點：

一、他提出了焦慮的存有論。焦慮不是一種病，而是人生於世的普遍感受。

二、他將焦慮區分為三種類型，分別是存有層面的（命運與死亡的威脅）、精神層面的（空虛與無意義感的威脅）、以及道德層面的（罪疚與天譴的威脅）。而這三種類型可以在歐洲歷史上找到證據。

三、上述這三種焦慮並不是病態的，相反的，病態的焦慮正是未能將這三種「實有性焦慮」（existential anxiety，對應本書「存有論」的概念，全書統一為「實有性焦慮」）勇敢納入自身所帶來的結果。

換言之，焦慮不是病，它是人的基本狀態。焦慮之所以會成為疾病，是因為我們無法對其抱持自我肯定，從而喪失了勇氣。而這就是本書命名為《存在的勇氣》的意旨所在。

「焦慮會讓我們勇敢起來，因為唯一的替代選項是絕望。」而且勇氣能「透過把焦慮納入自身而抵抗絕望」。迴避「實有性焦慮」的人，就會被病態焦慮所侵襲。作者為我們指出了焦慮的矛盾性質。

在那之前，對焦慮的解釋只存在一種典範，那就是佛洛伊德所提出的典範。他認為焦慮是不同人格結構所產生的衝突，也就是大家所熟知的本我、自我與超我的衝突。

但正如田立克所說，精神分析師對此雖然不乏卓越的見解，但因為沒有對實有性焦慮與病態焦慮做出區分，彼此的洞見反而讓焦慮理論陷入混亂狀態。

焦慮不全然是病，它也是人生而為人的根基。這就是這本書最令人折服之處。

焦慮從何而來？

這個根基從何而來呢？田立克對此做出了焦慮的第一個斷言：「焦慮是一個存在者意識到自己有可能不存在的狀態。」簡單來說，我們發覺自己是有限的，我們發覺自己會死。

當弟妹出生時，孩子首次意識到自己不是世界的中心；然後是進入學校跟同儕競爭，他發覺自己並沒有父母眼中的那麼好；等到他逐漸長大出了社會，幾年之後，他開始承認自己跟幼時的期待落差似乎很大。

原來他不是個英雄。

這是我們的英雄幻想開始破滅的時候，也是隱隱然覺得自己其實並沒有那麼認識自己的時候。田立克所說的「非存有」就藏在這裡。

然後是中年，我們身邊的人開始慢慢離開我們，死亡像一把必然會落在我們頭上的刀，在終點處等待。

「非存有」可以具象化為死亡，但死亡早就在身邊等待著我們了。每一次對自己的失望，每一次對生活不可控制的感嘆，非存有、死亡、焦慮都會等在那裡。

我們不是全能的，人很有限。會老、會病、會禿、會胖、會死亡。這些不可言說，讓人挫折的諸般感受是人的基本狀態，它不是病。我們必須帶著勇氣接受它，否則我們就會罹患精神官能症。

而這就是田立克這句話的意思：「精神官能症，是一種透過迴避存有來迴避非存有的途徑。」

勇氣是焦慮的解方

人愈是不能在存有、精神、道德這三個層次上對自己自我肯定，人就愈會感受到焦慮的追逐，最後就只能畫個小圈圈把自己關起來，帶著恐懼活著。田立克雖未明說，但就此而言，心理治療真正要做的，是鼓勵案主去承擔、納入他的實有性焦慮，而不是用藥物或其他方式減緩它。

如前所述，田立克提出的解方是「勇氣」。他將勇氣定義為「具有『不理會』（in spite of）性質的自我肯定」。這種不管不顧非存有威脅的勇氣，就是面對焦慮的解方。

而這份勇氣又可區分為兩個面向：朝向群體，朝向自己。田立克將前者稱為「做為部分存在的勇氣」，後者稱為「做為一己存在的勇氣」。換個方式來說，田立克指的是歸屬與獨立，冒險與安全，關係與自己。人既同時有這兩種矛盾，要克服焦慮，也要同時勇於滿足這兩種需求。

有些人會為了關係委屈自己，有些人會為了自己委屈關係。為了滿足意義感，許多人會將自己委身於某種意識形態、傳統宗教，或者政治黨派，他犧牲的代價就是個人的獨立性。為了滿足「自我」實現，另有些人會選擇否認集體價值、背離社群利益、變得自私自利。

接通存在心理學與靈性的「絕對信仰」

對保羅．田立克來說，囿於一端的人都不能算勇敢。勇氣同時要求我們屬於集體，又要求我們與之保持距離。而將焦慮納入自身的勇氣，也預設了一種「絕對信仰」的存在。

田立克強調，這個信仰並沒有特定的內容，它的源頭是「上帝之上的上帝」。接受它，意味著我們不只是成為某部分的一部分，而是成為了整體根基的一部分。它是超越教會的，也超越了全能的上帝和其他有神論及神祕主義。

他談的近似於「道」，或者「完整性」（wholeness），他的觀點拿掉了上帝的人格性。

這本書將焦慮的心理學與靈性相連，從而使存在心理學變成一種靈性的或者全人觀點的哲學。

很明顯，在這個層次上，我們已經沒辦法運用語言來分析，只能學習齊克果（Søren Aabye Kierkegaard），用「跳躍」來跨過哲學與信仰的界線。田立克的學生羅洛・梅（Rollo May）用詩與神話的語言來替代田立克的宗教語言，而歐文・亞隆（Irvin D. Yalom）的存在心理學則直接拿掉了它，他並不相信靈性這類無法證實的東西。

這提醒了我們，存在心理學有不同的表述。每個理論家都會根據個人的經驗提出自己的想法。

保羅・田立克相信有更高的超越性存在，相信這個存在是面對焦慮的終極答案；羅洛・梅則希冀恢復或重建現代人的神話，相信這才是面對焦慮的解方；而歐文・亞隆則強調生活的意義，以及治療師與病人之間的真誠互動。

他們三個人共同建構了美國的存在心理學。但論及理論的鋒利度與架構的清晰性，我一直認為田立克是他們之間的翹楚。

將哲學編織入心理學的偉大思想家

他捨棄了繁複的症狀描述，直指人的核心問題是實有性焦慮，並以心理學家無法企及的思想深度，將其編織入心理治療一直未能清楚溯源和整理的理論空白中。

田立克實現了哲學與心理學的交會，他不是這麼做的第一人，卻是最成功的那一個。

期許這本書的重新上市會再次帶動我們對存在心理學的探索，但請別忘了，田立克畢竟是一位西方的的神學家，「基督教的焦慮感」與「東方宗教的涅槃與合一」很不相同。我們在思考焦慮的問題時，千萬別忘了兩種文明的差異。

人是根植於文化的人，我們思考與體驗的方式都深受語言及歷史的束縛。我雖然鍾情於存在心理學，但也提醒讀者務必批判性的接受。

請翻開這本書，讓田立克的理論精髓刺激我們思考的邊界，讓更多人能勇於面對非存有帶來的焦慮，讓我們都能成為無畏面對生命挑戰的人。

諮商心理師、「愛智者書窩」版主　鐘穎

第三版序

「用勇氣擁抱存在」的一堂課

感覺上，我最後一次參加田立克著名的「家中討論課」，走出劍橋昌西街（Chauncey Street）十六號的大門，彷彿只是昨日的事。那時候，我們每兩週一次，聚集在他公寓中寬敞的客廳，而客廳的牆上掛著畢卡索巨大畫作《格爾尼卡》（Guernica，田立克稱之為「二十世紀最偉大的宗教畫作」）的複製品。來自哈佛大學不同科系的博士班學生總會參加，在這門討論課上我們會圍成一圈，田立克則像個仁慈叔叔坐在另一端的單人沙發上。現場還有罐裝啤酒和汽水供取用。

每次聚會，我們其中會有一人用三十分鐘的時間（不可超過一秒），扼要介紹自己正在撰寫的論文主題。接著，田立克會給出評論（他的意見總是有見地和有建設性），並帶領大家展開討論。他的目的是幫助我們欣賞各種不同學科和運用不同方式思考。這門家中討論課是我受教育過程中，最有價值的經驗之一。不過，當我在一九六二年步出那扇大門時，心裡卻有一些悵然若失。我和田立克都即將要離開哈佛大學：他將轉到芝加哥大學任教，而我則寫完博士論文將得去謀職。

在行事為人和思想上，田立克一直是我的老師和楷模。這一切始於一九五二年，當時我第一次讀到這本書，隨即決定有朝一日要追隨他學習。他對我的影響力，在我們同處哈佛大學後達到高峰。當時他是講座教授（University Professor），而我是博士候選人。雖然，我後來在拙著《世俗的城市》（*The Secular City*）中對他有過一些批評，但我還是把他的作品列入我所教課程的書單。

儘管如此，當我在二〇一二年重讀本書時，我還是帶著一些擔憂：萬一它不能像六十年前那樣，讓我入迷和帶來衝擊的話怎麼辦？萬一我曾經如此仰慕的田立克現在變得落伍過時，變得「好昨天」（借我學生的話來說）怎麼辦？

追隨田立克學習的一個好處是，他對哈佛大學表現出熱愛之情，而這種感情有時候並未在他的學生身上感受到，因為他們正焦頭爛額的在應付考試和寫論文。一九五五年他從聯合神學院（Union Theological Seminary）搬到劍橋兩週後，有人問他對哈佛大學的看法。他斷然回答說：「非常喜歡，我終於回到『大學』了。」他的這個回答，呼應了他以學生和老師身分在柏林大學、圖賓根大學和法蘭克福大學度過的那些時光。

他喜歡待在大學，因為大學具有學科多樣性，符合他終生的思想追求：「跨越學科，將被錯誤拆解的事物重新整合。」就像他常常說的那樣，他渴望恢復大學（university）的「統一性」（uni）。

但當我重新翻開本書，並想到自一九五二年以來發生的許多改變時，我的不安感迅速增加，遙想換成今日，田立克會被如何看待？

我發現，原來他還是可以屹立不搖。在他的無數作品中，這本書最能濃縮他對跨學科熱情。本書源自一九五〇年他在耶魯大學發表的特里講座（Terry Lectures）。資助講座的基金會明確規定，講座的題目應該關於「科學和哲學燭照下的宗教」。對田立克來說，這是一個完美的框架，與他想做的事情不謀而合，不過如果可以再補充一點，那就是他做為一個辯證家，還是想從宗教來談科學和哲學。

***

時至今日，本書仍然是一部傑作。它像一道凱旋門，時間橫跨自柏拉圖到海德格的許多個世紀，中間涵蓋斯多噶主義（Stoic）、奧古斯丁（Augustinus）、文藝復興和宗教改革、斯賓諾莎（Baruch Spinoza）與尼采。它觸及了沙特、卡繆、亞瑟·米勒（Arthur Miller）的《推銷員之死》（*Death of a Salesman*）和田納西·威廉斯（Tennessee Williams）的《慾望街車》（*A Streetcar Named Desire*）。不過，我們也許會問，田立克為什麼會挑選「勇氣」，這個看來不起眼的拱頂石來支撐他的凱旋門？希臘文的勇氣寫作thorros，有大膽和自信的意涵。傳說中的古希臘大英雄阿基里斯（Achilles）正是勇氣的古典體現。然而，除了描述犧牲自我的消防員或海豹部隊隊員，我們今日很少談論「勇氣」這個美德。畢竟，它聽起來有一點點古老。

儘管如此，田立克知道自己在做什麼。他以柏拉圖的對話錄《拉凱斯篇》（*Laches*）展開本書。在該對話錄中，蘇格拉底和幾個同伴試圖定義勇氣，最終卻失敗了。但在田立克看來，這個失敗意味深長。他們會失敗是有原因的：因為「勇氣」不只是美德之一，還是其他美德所依賴的核心，不僅如此，除了做為道德美德，它還是所謂的「存有論」（ontological）美德，也就是「存有的」勇氣。

斯賓諾莎（他可能是田立克最喜愛的哲學家之一）在《倫理學》（*Ethics*）一書的第三部分，也用所謂的「努力」（conatus）來描述類似的主張：「一物竭力保存其存有的努力不是別的，即是那物的現實本質。」

斯賓諾莎的「努力」和田立克「存在的勇氣」，是接近的等值體。存在不只是僅僅的「在」（is），它還必須不斷努力肯定自己，以對抗非存有（nonbeing）的威脅。對斯賓諾莎和田立克兩人而言，這種存有的持續肯定正是每位個人的本質。它跟奧古斯丁的「不得安息」（restlessnes，焦躁不安之意）和尼采的「權力意志」（will to power）都有相關性。從最小的昆蟲到整個宇宙，凡是「在」的東西都必然會追求在存有中維持自身。田立克認為，這種無盡的奮鬥不是值得哀嘆的事。沒有奮鬥，生命將會死氣沉沉，不算是真正的生命。哈姆雷特所說的「存在還是不存在」確實是問題所在。它是每個人的問題，也是不同學科所問的各種問題背後的基底。這解釋了為什麼田立克相信，分析「勇氣」會有助彌合哲學、科學、文學和神學的鴻溝。

然而，今日的讀者（他們極少關心跨學科的鴻溝，但至少會偶爾沉思自己的生命）可能會覺得這種思路太過理論性，流於古怪。田立克不這樣認為。當他指出「勇氣」一詞衍生自法文的「心」（coeur）字時，正是在提醒讀者，心所象徵的遠不只是情感的中心，更意指實在界（包括人類實在）的生命中心。勇氣乃是「不理會」死亡、有限性（finitude）和焦慮對生命的恆常攻擊，而肯定一己的能力。沒有人對這種奮鬥陌生。

在這裡，田立克對二十一世紀的相關性問題劃過我的腦海。在今日，發展「人類潛能」（human potential）已經蔚為一門利潤豐厚的家庭工業。機場書店擺滿教人建立信心的書籍。人們付錢參加週末的「自信訓練」（assertiveness training）。這一切和田立克的「存在的勇氣」有什麼關係？

***

田立克是在一九五〇年撰寫這本書，當時「我世代」（me generation，譯注：

一九七〇至九〇年代出生，以自我為中心的一代）與「人類潛能運動」還沒有全面展開。所以，他從不需要面對自信（self-assertion）大量生產的問題。然而，當他接近這個話題時，他的態度十分積極。他譴責神學不應該「對凡是看似與肯定自我有關的事情」都語出批評。

除此之外，他力以他典型的風格，進一步深入探討。他把對自我的威脅，鎖定在正向思考或自助書籍都無法解決的層面。他稱這種威脅為「焦慮」（anxiety），具有「實有性」的特性。這種焦慮的出現，是因為做為「存有」的一個參與者，自我恆常面對「非存有」的威脅，這是活著得付出的代價。焦慮不同於恐懼，因為恐懼總有一個對象，所以我們能恐懼「某物」。但由於焦慮來自於「非存有」的威脅，所以沒有對象，而且是對「非存有」的赤裸裸顫慄。田立克認為，這種戰慄可以在大相逕庭的作品中找到，例如：丟勒（Albrecht Dürer）的《戰士、死神與魔鬼》（*Knight, Death and the Devil*）和沙特的《沒有出口》（*No Exit*）。不過藝術家和詩人在描繪焦慮一事上，從來沒有取得完全的成功，因為焦慮沒有名字或臉孔。

本書的核心，是以現象學方法分析三種類型的焦慮，分別是：「命運與死亡的焦慮」、「罪疚（guilt）與天譴（condemnation）的焦慮」，以及「空虛與無意義感的焦慮」。它們在西方歷史上曾先後成為主導形式的焦慮。在古代，焦慮主要針對命運而發：就像阿楚斯家族（House of Atreus，希臘神話中的知名悲劇家族）所經歷的那樣，最終沒有人能逃離命運。在中世紀，大行其道的是對罪疚的焦慮。天主教會設法用告解和聖禮來應對。在宗教改革時期，新教教會用宣講「因信稱義」（透過信仰而獲得救恩）來回應對罪疚的焦慮。然而，在我們這個時代，最有殺傷力的焦慮表述，來自於無意義感的威脅。在田立克看來，我們不再生活在《伊利亞德》（*Iliad*）中為命運所縈繞的時代，也不再生活在《煉獄篇》（*Inferno*）那樣飽受天譴折磨的時代。現在的我們流浪在艾略特（T. S. Eliot）的《荒原》（*Waste Land*）裡，出入於畢卡索、達利、布洛克（Jackson Pollock）一幅幅時間和空間都已崩塌的作品中。

但是，問題依然存在：「今日的人們是否仍然會感受到這種令人窒息的焦慮？」田立克認為答案是肯定的，因為心理治療和精神分析而現形的「妖魔」就顯示出這一點。他清楚的區分了他所謂的「病態焦慮或精神官能性焦慮」與「實有性焦慮」（existential anxiety）。在田立克時代，「談話療法」曾盛行一時，而現在已被更受歡迎的藥物治療所取代，但這個事實並沒有改變他的分析。不管是什麼形式的精神治療，都只可能處理精神官能性焦慮，而不能夠且不該用來消除做為存在基本構成成分的「實有性焦慮」。只是，問題仍然存在：今日的人有經驗到田立克所描述的焦慮嗎？

研究田立克的英國學者曼寧（Russell Le Manning）說過，現在很多人都被海嘯般的消費文化占去了注意力，以至於沒有任何「實有性焦慮威脅」可以穿透不停歇的聲光色。我們每日受到推特（現X）和廣告的轟炸，變得頭暈眼花和麻木。我們失去了反思的能力，數之不盡的閒談阻隔我們對於任何實有性威脅的知覺。如果被問到他們今日的主要焦慮形式是什麼，很多人可能會勾選「以上皆非」。

我相信在某種程度上，曼寧是對的。很多研究者觀察到，年輕人在使用iPad、臉書網頁和手機時，行為上表現出一定程度的緊張不安。有些人每天收發多達四百則訊息。為什麼？很多人無法不每隔幾分鐘便查看一次自己是否收到訊息。儘管許多州已立法禁止，但仍有不少人堅持在開車時使用這些電子裝置。有關這些年輕人的影片顯示，即使只是停止使用他們的電子裝置一段短時間，他們也會變得煩躁不安，他們有漏接掉一通電話或一則訊息嗎？他們應該發一則簡訊——不管有多麼無聊的——給某個人或任何人嗎？。我們是否已經超越笛卡兒的時代，進入「我發簡訊，故我在」的時代？在一個有大量「注意力缺失障礙」的時代，他們真正在尋求的不是分心而是連接，總之是可以幫助他們避免直面自己搖搖晃晃的存在的東西。

我想我至少部分理解了，他們設法逃避的是什麼。我是從我自己的「凌晨三點症候群」認識到這一點。我每逢半夜醒過來、再也睡不著之後，便會出現這種症候群。屋子一片漆黑，其他人都在熟睡。日常生活中的正常標誌性物品，例如：書本和家具，看起來都死氣沉沉和顯得不真實。如果我抵抗打開電視或電腦的誘惑，就會瞥見田立克所談的事情。我也明白為什麼沒有人能忍受這種情況太久。當我們思索自己的死亡或凝視太陽時，總是會忍不住迅速轉移視線。我們需要重新創造日常生活的標誌，做些事情將「非存有」（焦慮）的威脅，化為僅僅令人恐懼的程度，好讓它變成可被駕馭的。

***

這本書的顯著優點之一，是它並沒有把談論的內容停留在個人層次。田立克相信，如果一個文化在拚命試圖抵禦集體焦慮時，可能反而會陷入病態中。他對「做為部分存在的勇氣」（the courage to be as a part）和「做為一己存在的勇氣」（courage to be as oneself）的區分，導致了一個對現代社會政治的分析。他用二十世紀的集體主義為例，說明「做為部分存在的勇氣」。田立克對共產主義和納粹主義，都有切身而痛苦的認識。他指出在這些體系裡，人們放棄個體自我以換取虛幻的安全感，託庇於一個窒息性的整體。他在威瑪德國曾經協助策劃宗教性社會主義運動，以抵抗納粹主義和共產主義。納粹主義隨著德國在一九四五年的戰敗而衰亡，但共產主義在發展了半世紀之後仍舊是一個活力充沛的世界性運動。田立克發表特里講座的那一年，世界上人口最多的國家——中國，才剛落入毛澤東這位共產主義者的控制。如果田立克得知中國和蘇聯後來竟從共產主義演變為無情的「國家資本主義」（state capitalism，編按：以國家主導商業的經濟制度），不知會有何感想。

美國又如何呢？在某些方面，田立克對自己歸化國的描述，最能凸顯出他的觀點。他把美國形容為「民主式齊一」（democratic confrmiam）的例子，並視為「做為部分存在的勇氣」的另一種表述。與某些大聲責罵大眾社會的批評者不同，田立克的觀點更加細緻入微。他正確指出，對美國人來說，「生產力」是關鍵。我們（或者至少對大多數人來說）把生活寄託在工作上，寄託在（田立克所認為）參與宇宙不斷創造和再創造自己的過程。工作是神聖的，而這種態度是格林威治村的藝術家、有「生產力」的作家和學者，以及底特律生產組裝線的焊接工人所共有的。在這個意義下，生產力也承托著實用主義和過程思想之類的典型美國哲學。這也解釋了，何以失業危機遠遠不只是一種經濟危機。失去工作，就是被剝奪生命過程本身的角色。其嚴重性等於在古代被逐出城邦，或在中世紀被革除教籍。

田立克是怎樣看待當代美國的精神氛圍，例如，他會如何看待基本教義派的復興？他認為，在現今世界中，基督教的資訊是否能被大眾所接受的最大挑戰，就在於世俗主義和科學懷疑主義的影響。我們如今確實有一些廣為人知的無神論者，但世俗主義似乎正在退潮。我們宗教處境最突出的特徵，除了基本教義派以外，其實還有基本教義派的對立面：模糊的宗教意識、膚淺宗教情懷性的行銷，以及對宗教的漠不關心。活躍的全球資訊網絡，讓我們正如艾略特說的那樣，「從一個分心之物，被分心到另一個分心之物上」，我們的文化極少上升到能去意識到「無意義感的威脅」層次。然而，我仍然深信這種焦慮還是存在，需要的只是去承認、命名和回應。

＊＊＊

田立克在這本書的結尾，轉向談論存在主義作結，將其視為「做為一己存在的勇氣」的例子。他相信存在主義是我們時代的代表性哲學。他的時代也許是如此，但今日呢？當我還是大學生時，存在主義是最新的潮流。我們對它所知不多，但它看起來夠勁又瀟灑，而我們全都細細讀過卡繆的《局外人》（*The Stranger*）。當我在一九五七年夏天跟團去到巴黎旅遊時，更是跑到聖日耳曼德佩區，在雙叟咖啡館（Les Deux Magos）點了一杯奇揚地紅酒（Chianti）。我去那裡是想看看沙特和西蒙．波娃寫作的地方，大概也是為了能一瞥當代的存在主義者。雖然我想我沒有見到任何的存在主義者，但在田立克寫這本書的時候，存在主義仍然當時得令。不過，時過半世紀之後的今日，它已成為了瀕危物種。

田立克區分了他所謂的「存在主義態度」（指我們只有對我們的認知有一激進性的個人投入，我們才會知道什麼是我們的重大關懷）和「存在主義哲學」。後者可以追溯至尼采和齊克果。在田立克看來，存在主義主要是一種抗議的哲學，是對現代社會客體化與非人格化（objectifying impersonality）的一種異議。它主張人類沒有與生俱來的本質，而是必須為自己創造本質。用沙特的名言來說就是：「人的本質『是』他的存在。」田立克相信存在主義者做出了極重要的貢獻：「他們力圖在自我被物質取代的狀況下，為『做為一己存在的勇氣』指明道路。」

田立克熱烈擁抱「存在主義態度」，但對於「存在主義哲學」保持謹慎。他喜歡指出，我們所有人都生活在「自我」與「世界」的兩極之間。集體主義者把個人包含在一個封閉的「世界」裡，讓「自我」沒有存在的餘地，其弊在於容易淪為極權主義。但存在主義者對「自我」的目不轉睛，卻會讓世界「失色」，其弊在於容易淪為唯我論（solipsism）。

就我所知，現在已經沒有存在主義哲學家，會坐在巴黎（或任何其他地方）的咖啡館啜飲茴香酒，因此我很慶幸田立克沒有把他的神學與存在主義焊接得太緊密。但這一點會引發另一個問題：如果存在主義不再像它一度的那樣是我們時代的主導哲學，那什麼才是當代的主導哲學？有某種哲學取代了它的地位嗎？

我想答案是，今日我們沒有一種主導的哲學。這種闕如有一個好理解的理由。根據田立克的解釋，「存在主義態度」和「存在主義哲學」，都是從西方文明的關注中誕生而來。它們是對西方文明危機的一種回應。但今天我們卻不再那麼清楚是由哪個西方傳統定義。因為全球性文明的推進和各大世界性宗教始料不及的復興，都激烈擾亂了我們是生活在「希臘至羅馬，再至歐洲」一脈相承的「西方文明」傳統意識。西方文化當然離死還遠，但如今它只是多聲部合唱的一個聲部，沒有單一的態度和哲學在主導著我們的時代。田立克將自己的作品定位為「應答神學」（answering theology），是在回應文化所提出的深邃問題，並展示「信仰的象徵」是如何回應這些問題。但今天這些問題是什麼？它們是「誰的」問題？在一個宗教多元的世界，那些「信仰的象徵」又是什麼？我們正在談的是「何種」信仰？

要直到生命的晚期，田立克才奮力讓自己對我們今日顯而易見的宗教多樣性和文化多樣性安之若素。一九六〇年五月至七月，他在日本訪問，其中在京都與佛教學者的會面顯然讓他深受震撼。這些思想家專注的對象，不是「存有」，而是聚焦在「無」（Nothingness）。儘管如此，晚年的田立克仍然是個跨界者。本來，他神學中的神祕主義傾向、他對偽丟尼斯（Pseudo-Dionysius）、波默（Jacob Boehme）和基督教神祕主義潮流的入迷，都有可能幫助他跨過這條界線。

田立克對於生活在「自我」與「世界」兩極中挑戰的回應，避免了「做為部分存在的勇氣」或「做為一己存在的勇氣」的錯誤解決方法，這就是他所謂的「絕對信仰」（absolute faith），那不是一種觀點或對某種不確定事物的理論性肯定。那是一種「被存有的力量抓住的狀態……被這種力量攫住的人可以肯定自己，因為他知道自己得到『存有自身』的力量所肯定。」「絕對信仰」並不會消除焦慮，而是會把焦慮納入自身。田立克認為這是古典聖徒和神祕主義者所謂「靈魂暗夜」（dark night of the soul）的當代表述。田立克自己也在人生中體驗過這種暗夜。他認識懷疑的妖魔（demons of doubt，譯注：這是把「懷疑」比喻為妖魔）。他在本書中指出，就像古典新教神學所說的那樣，我們雖然是罪人，卻仍然能得到上帝的寬恕；同樣的，我們雖然懷疑祂的存在，卻仍然被上帝所接受。對田立克來說，懷疑不是應該被取笑或否認，它是任何真正信仰的重要成分。或許，在他寫過的話中，最著名的便是本書的最後一句。我確信他意識到這句話的重要性，因為他以斜體特別強調：「存在的勇氣，根植於那個『當上帝在懷疑的焦慮中消失時』所出現的上帝。」

＊＊＊

田立克受到很多不同領域學者的景仰，其中一位是哈佛大學物理學家和同樣是逃離納粹的流亡人士霍頓（Gerald Holton）。霍頓把田立克比作愛因斯坦，因為兩人都是追尋宇宙統一性的人。他也受到一些哲學家的敬重，被選為「哥倫比亞大學哲學會」的成員，該社的早期成員包括了羅素和威廉．詹姆斯。但也不是人人都喜歡他，他受到來自神學界內外的激烈攻擊。有些現代哲學家（特別是傾向實證論和語言分析的人）完全不把他的作品看成一條銜接哲學與人生的橋梁，而是斥其作品為來自沉重德國哲學傳統的厚重木板所搭建的方陣。他們還有其他批評，一個古典學學者嗤之以鼻的說：「勇氣是一種異教美德，不是基督教美德。」另一個學者寫道：「什麼是『上帝之上的上帝』？那難道不是一種包裝單薄的無神論嗎？」田立克以技巧性的處理這些批評。他仔細聆聽，帶著尊重回應，且極少寫論戰式的句子。我們也許可以說，他既有堅信的勇氣，也有改變的勇氣，從不停止改寫和重新思考。

對田立克來說，勇氣不只是一個本質性的思想範疇，還有著深邃的個人性。從某些方面看來，這本書更像是一幅自傳式肖像畫。在我還是青年神學家的時代，田立克最讓我動容的，不是他對哲學史和神學史的驚人博識，而是他的個人勇氣：他願意直視現代性（modernity）的奪命挑戰，而不退縮至安全的正統教義或憤世嫉俗的懷疑主義。直面和接受他自己的懷疑和焦慮，正是他的勇氣之所在。

田立克的思想中有一種大膽的精神。他甘願冒險，也鼓勵我們冒險，而這是大部分領域新進學者都極少有勇氣做的事。他冒的險之一，是放棄對任何特定字眼的膜拜。他從對現代文化的銳利觀察，和透過自身的靈性掙扎中，了解到「恩典」（grace）和「信仰」，甚至「上帝」這個字眼，都不只失去了很多本來具有的力量，而且還受到很大的扭曲，以致常常失去了意義。所以，他大膽使用一套新的詞彙來進行實驗。他曾說，如果「上帝」這個詞不再對你有意義，就改用「深度」

（depth）一詞。與其說「罪」（sin），不如說「分離」（separation）；與其說「寬恕」，不如說「接受」（acceptance）。雖然田立克有時被稱為「神學家的神學家」，但許多他對新宗教語言的大膽嘗試，並未出現在他的正式神學論著中，而是被收錄在《根基的動搖》（*The Shaking of the Foundations*）之類的講道集裡。

是的，田立克仍然在對當前的一代說話。儘管對信仰的挑戰可能有別於從前，但他在其時代無懼面對挑戰的方式，仍然提供一個讓人難忘的榜樣。剛剛進入神學界的人會如此景仰田立克，理由之一是他的話總是能夠深深吸引神學界以外的人。我們全都想要有這種本領。現在，他仍然能夠如此。我對本書這個六十週年版本的出版表示歡迎。它不只是為了宗教學者而寫，也是為了同時具有堅定現實精神和真誠信仰的人而寫。正如任何讀者都會發現的一樣，這不是一本容易讀的書。它要求嚴苛但引人入勝，仍然能讓人有無窮受益。

哈維・考克斯（Havery Cox）

第二版序

直面生命的「終極關懷」

很少有神學家可以像田立克那樣，激發現代人的想像力。他是二十世紀中葉能夠有說服力的談論「深思的人的宗教生活呈現的精神和心靈危機」的人。他被一位仰慕者稱為「知識分子的使徒」（Apostle to the intellectuals），並透過大量作品（先用德文撰寫，後來以英文發表）提出一套新的神學語彙，用以應對現代性在面對死亡和無意義感時所引發的深切不安。田立克被他的神學家同行推崇為「神學家的神學家」，其作品也受到愈來愈多普通讀者閱讀和讚賞。對這些讀者來說，基督教神學和哲學有太多都晦澀難懂且與現實脫節。但田立克透過創造一套新的、動態的神學語彙，重新檢視時代的焦慮危機，讓神學從學院的象牙塔中解放，因而吸引了一批新的讀者，和當代論述有一種新的關聯性。

田立克（全名保羅．約拿．田立克〔Paulus Johannes Tillich〕）一八八六年出生於德國，先後在柏林大學、圖賓根大學、哈雷大學和布雷斯勞大學就讀。他在一九一二年被按立（Ordination，編按：授予人宗教性權柄的儀式）為路德宗教會的牧師，自此在德國的大學教授神學，直到一九三三年因政治壓力被剝奪教授資格為止。接著他受到美國同行的介紹，接受尼布爾（Reinhold Niebuhr）的邀請，前往紐約市的聯合神學院任教。一九五五年更轉任哈佛大學講座教授，並於一九六二年離開哈佛大學，前往芝加哥大學任教，直到一九六五年溘然辭世。

在他的許多著作中，最能代表思想精華的，就是在一九五二年出版的本書。他在神學界和哲學界早已享有聲譽，但本書將他推上更廣闊的文化舞台，讓他儼然成為美國思想界的重要人士。本書變成一本不可或缺的經典，是任何進行有關生命意義嚴肅討論中的必讀之作。我們幾乎難以想像在二十世紀出版的宗教相關書籍中，有哪一本書比本書更具有直接的衝擊力。沒有哪所大學的書單會完全沒有本書，其書名本身更進入神學談話的語彙。

＊＊＊

本書脫胎自特里基金會（Foundation Terry，編按：該基金會贊助了本書作者一九五〇年在耶魯大學的一系列演講）在耶魯大學資助的一個講座。基金會要求講座的講題需有關「在科學和哲學燭照下的宗教」，而田立克選擇「勇氣」做為主題，是因為他深信這個概念位於神學、社會學與哲學難題的交會處，可以為人類處境提供有用的分析。他在全書第一段寫道：「勇氣是一種倫理學的事實，但它深入到人類生命的整個領域，最終以『存有自身』（being itself）的結構做為根據。要從倫理學的角度了解勇氣，我們必須先從『存有論』上進行思考。」他要用「對勇氣的分析」來對治現代性最沉重的一個危機：無意義感及其不滿。

他的講座出現在美國文化和宗教生活中，最弔詭的一個時刻。戰後的復甦正在如火如荼，美國因打贏二次大戰和擺脫經濟大蕭條而一派樂觀：物質繁榮不只是一個目標，還是一個生活的事實。美國現在是自由世界的捍衛者，隨之而來的是自我滿足感和安全感。而宗教也參與到這種欣欣向榮中。上教會的人數顯著增加，教堂如雨後春筍在全國各地興建起來，甚至被《時代雜誌》稱為美國宗教的「大廈情結」（edifice complex，譯注，熱衷或迷戀於建造雄偉豪華建築物的心態）。葛理翰（Billy Graham）和他的傳道團隊，讓美國最大的公共空間座無虛席；牧師兼宗教作家皮爾（Norman Vincent Peale）的書，常年盤踞在暢銷排行榜上；舒恩主教（Bishop Fulton J. Sheen）在電視這一新媒體上的受歡迎程度，幾乎不亞於喜劇明星米爾頓・伯利（Milton Berle）；在哈佛大學，年輕的新校長普西（Nathan Marsh Pusey）忙著處理小洛克菲勒（John D. Rockefeller, Jr.）捐贈的幾百萬美元和一批朝氣勃勃的神學家復興垂死的三一神學院（Divinity School）。田立克本人在一九五五年加入該學院，而他的照片在一九五九年三月十六日也登上《時代雜誌》的封面。當時的美國宗教似乎正在經歷一個蓬勃發展的週期，而且這個繁榮盛景似乎將會長久下去。

然而，田立克並不看好美國這次宗教復興的深度與持久度。在一九五〇年代宗教繁榮的中途，田立克於一九五八年六月十四日的《星期六晚郵報》（*Saturday Evening Post*，當時美國最暢銷的雜誌）上，發表了一篇題為〈宗教失去的向度〉（The Lost Dimension in Religion）的文章，他在文中這樣說：「如果我們把宗教定義為，被一種無限關懷（infinite concern）攫住的存有狀態，那麼我們必須說，我們時代的人已經失去了這樣一種無限的關懷。目前的宗教復興，不過是一種重拾已失去的東西的絕望和最徒勞的嘗試。」田立克不容易被大眾的虔誠表現與教堂建設的熱潮打動，而他在本書中要談論的正是這種「宗教失去的向度」。

在我們這個思想專業化、宗教被社群邊緣化的時代，很難想像有神學家會受到神學界外的人認真對待。然而，田立克除了受到神學家的高度重視，還受到社會上很多人的認真關注。當《時代雜誌》和《星期六晚郵報》提供他平台發表意見時，顯然是因為知道他的重要性。許多人準備好要傾聽他說話，儘管他們未必完全聽得懂。畢竟，他是德國「博士教授先生」（Herr Doktor Professor）的化身，有著高個子和一頭優雅的蓬亂頭髮，說話聲音低沉且帶有濃濃德國腔，這讓他在神學界的地位相當於科學界的愛因斯坦：一個成功激發大眾想像力的知名知識分子。

在一九三〇和四〇年代期間，田立克以紐約市聯合神學院教授的身分，獲得一個批判性和表達清晰的文化哲學家名聲，吸引到一批分布全國各地的新聽眾，這批聽眾渴盼聽到異於歌頌新時代好處的東西。隨著新一代的宗教老師和哲學老師在美國的大學和神學院找到教職，他們也把田立克的作品介紹給學生——他們自己在學生時代便聽過田立克演講或讀過他的作品。到了二十世紀中葉，田立克在大學各種課程都會被提及，開始成為一股巨大影響力。

＊＊＊

自從他的講座在一九五二年出版做為本書之後，田立克變成了真正的知識名流。這本書的書名幾乎出現在每間大學的書單上。它成為了大學中宗教閒談的材料，被講道者和教授隨心所欲的引用，變成了所謂的「光環書」：也就是每個人都聽過和大部分人都覺得應該一讀的書。我第一次遇見這本書，是一九六一年在培思大學（Bates College）念大一的時候，當時它出現在「宗教基本知識課」的書單上。田立克曾是我的教授的教授，而他難以擺脫這層身分：一整個神學世代都會有這種感覺。

當受邀為耶魯大學這個新版本寫序時，我備感高興。我記得自己曾讀過這本書，或者至少在很多年前曾就此書進行考試。但老實說，我不記得書中的任何內容（除了書名上「勇氣」和「存在」這兩個引人入勝的概念以外，這兩個概念用在任何神學書的書名都是首選），所以我必須重新閱讀，而這一次，我是以在二十世紀落幕的陰影中、帶著一雙後現代的信仰辯護士之眼，來閱讀這本書。起初，我沒有把握不會覺得它落伍過時、無關現實和難以理解。但讓我驚訝和高興的是，在我重讀完這本書之後，完全沒有這樣的情形發生。

在二十世紀走向終結的今日，雖然還有一些跡象顯示，宗教在美國的生活和文化中活力猶存（例如，總統候選人按例都要大談他們和耶穌基督的親密關係），但懷疑和意義的烏雲，已經開始持續將暴雨打在我們的宗教遊行隊伍上。我們時代的經濟成長和物質繁榮空前未有（人們對美國聯準會主席的信仰遠大於美國總統），但文化的核心卻充斥讓人不得安寧的嚴重焦慮。我們賣力工作和賣力遊戲，不是因為我們比先祖更加勤勞或更具玩心，而是因為我們不敢停歇，唯恐一靜下來就會被焦慮和恐懼淹沒。當我們站在一個新世紀和新千禧年的邊緣，看似是（用沃爾夫〔Tom Wolfe〕諷刺的話來說）成為「宇宙的主人」，但其實我們更多是生活在喬治・歐威爾《歡樂點》（*Pleasure Spots*）中所描述的世界：

燈絕不可關閉，
音樂必須不斷播放，
否則我們就會看見我們身處何處：
迷失在一個鬧鬼的森林裡。
孩子們怕黑，
他們從來不快樂也不乖。

面對這種存在主義式的懷疑，田立克提出了他的看法，並在全書的最後，用一句話提供了他的解決辦法，同時定義了這本書的書名：「存在的勇氣，根植於那個『當上帝在懷疑的焦慮中消失時』所出現的上帝。」

換句話說，這個概念可以表述為：我們唯一的希望，是當處境超越了希望本身（亦即沒有希望）的時候所出現的希望。這個複雜的概念在一九〇〇年代初期就已由非洲裔美國詩人約翰生（James Weldon Johnson）所預示，他在亦歌亦詩的〈眾生揚聲歌頌〉（Lift Ev'ry Voice and Sing）中說：美國黑人在「希望尚未誕生就已破滅的時刻」，仍堅持懷抱希望。

在很多現代人看來，宗教已經淪為一種對「不可信的事情」的信仰。達爾文、佛洛伊德和馬克思創造了一個有可能用不著「神的假設」的世界，但結果卻不是快樂或自由，而是焦慮且被恐懼束縛。如果沒有一個獎善的天國和罰惡的地獄，如果上帝是按照人的形象被創造，而不是反過來（譯注：根據基督教，上帝是按照自己的形象造人），那麼意義和價值要奠基何處？如果塵世間的秩序不是神聖秩序的複製或預示，那麼這個秩序有何好處？事實上，在現代性的環境中，秩序本身難道不就是一個不值得恭敬的假神嗎？

對現代性的宗教回應，要不是讓宗教信仰遷就現代的真理標準，因而產生所謂「現代主義」的神學立場；就是完全抗拒現代性，搬弄情感能量和理性論證以回歸基本教義派的神學立場。田立克認為，世俗界對現代性困境的回應，也是運用類似的模式，要不是創造一個集體主義的文化絕對體（如共產主義和法西斯主義），就是創造一個齊一主義（confirmist）的文化絕對體（如二十世紀美國資本主義）。許多對世俗現代主義的思想回應，體現在後來被稱為「存在主義」的哲學和文化立場中。存在主義是一系列的哲學論證，處理個人和上帝（或宇宙）的關係，共通之處在於，都是在反抗西方神學在前現代階段所預設的形而上確定性。最根本的存在問題在於，當上帝已經失去了做為意義、目的和秩序的源頭角色時，個人的意義和目的何在？換言之，除了混亂和絕望，我們還有別的選擇嗎？如果有，我們又要怎樣帶著信仰的意志（will to believe）去找到它？

這就是田立克要談的「現代處境」難題。他小心區分「存在主義」一詞的三種意義，將其理解為一種內容，而不只是一種態度。這三種意義分別是：「做為觀點的存在主義」、「做為抗議的存在主義」，以及「做為表達的存在主義」。田立克主張，「做為觀點的存在主義」呈現在大部分神學、藝術、哲學與文學作品裡。「做為抗議的存在主義」出現在十九世紀的最後三分之一階段，用田立克的話來說：「這在很大程度上，決定了二十世紀的命運。」「做為表達的存在主義」則是第二次世界大戰期間，懷疑及無意義感的焦慮大盛時期，也是當時哲學、藝術和文學的典型特徵，它是我們自身處境的表達。

對於在一九五〇年代早期聽過存在主義的美國人而言，這個詞明顯帶有戰後歐洲的外國思想色彩和知識性絕望的氣息。從西方文明的廢墟裡，興起了卡繆和沙特讓人絕望的作品。甚至早在二次大戰前，野蠻的建築風格、畢卡索的古怪繪畫、拋棄押韻與格律的「現代詩歌」、無調性音樂和社會常規瓦解，全都顯示為一種文化的症狀：一種不只處於過渡狀態，還處於自嘲性絕望之中的文化。戰後，英國劇作家奧斯本（John Osborne）將引領一整個世代的憤怒年輕人；而摩特·薩爾（Mort Sahl）將在美國電視上以喜劇表達他的憤世嫉俗。然而，對田立克來說，存在主義不只是這些對文化的祛魅（descrilization）事例。他寫道：

> 它不是一個波希米亞主義哲學家或一個患有精神官能症的小說家的發明。它不是為了名利而創造的聳動誇張，不是有種種消極氣息的病態表演。所有這些成分它都包含在內，但它本身不是這些東西而是某種別的東西，它是焦慮和無意義感的表述，是企圖把焦慮納入到「做為一己存在的勇氣」。

這個分析清楚顯示，在田立克看來，存在主義不是犬儒主義（cynicism）的同義詞。他提醒我們，古希臘的犬儒主義者是以理性和自然法則為根據，是文化批判者、革命性的理性主義者，也是蘇格拉底的追隨者。現代的犬儒主義者則極少走上這條高調的道路。他們追隨的是所謂的「非創造性存在主義」，不願追隨任何人，也不信奉理性，沒有真理的判準，沒有價值體系，沒有意義問題的答案。

田立克評論：「他們設法推翻擺在他們面前的一切規範……他們會勇敢的拒絕，任何可能會剝奪他們拒絕任何事物的自由。」現代的犬儒主義者對於解決無意義感的問題毫無貢獻。田立克力稱：「很多強迫性的自我肯定與很多狂熱的自我捨棄，都是『做為一己存在的勇氣』非創造性的表現。」

面對存在主義所帶來憤世嫉俗的絕望和非創造性的自我放縱，「存在的勇氣」是：「它不理會不被接受，而把一己做為接受者加以接受的勇氣……這就是保羅—路德所說『因信稱義』的真義。」與大部分專業神學家不同，田立克是一個能幹且具說服力的講道者，許多人從他的講道中所獲得的受益，要比從他的正式演講和著作多很多。

他最著名、最受歡迎的講道之一是〈你被接受〉（You are Accepted），這進一步說明了「存在的勇氣」這一面向。在其中，他把「罪」定義為疏離或分離（這個定義非常著名），並將人類狀態描述為分離於上帝、分離於自我和分離於鄰人。我們不只意識到我們的分離，還真誠的明白到我們的分離是咎由自取。我們不可愛，也不配得到愛。在重新把「罪」定義為分離以後，他又進而把救恩（grace）重新定義為「接受」（acceptance）：

當我們身處巨大痛楚和躁動不安時，救恩臨到我們。當我們行過無意義和空虛生命的幽谷時，救恩臨到我們。當我們因為侵犯了另一個我們所愛的生命或與之疏離，進而感覺我們比平時分離得更深時，救恩臨到我們。

然後，他描述救恩像湧入黑暗的一陣光束射向我們，如同一個聲音在說：

你被接受了。你被接受了，被比你更大的物事接受，它的名字你並不知道。現在不要問名字，你以後大概會查出來。現在不要設法做任何事，你以後大概會做許多事。不要尋求什麼，不要做些什麼，不要有任何意圖。單單接受你被接受的事實！如果這種事發生在我們身上，我們就是經驗到了救恩。

在本書中，田立克將此描述為「自我肯定」，而這個自我肯定「預設了參與到某種超越自我的物事中」。

＊＊＊

命運、罪疚和害怕死亡，是困擾現代心靈的三大焦慮。命運挾持了意義和目的；在缺乏寬恕和救恩的情況之下，罪疚是一種活著的死亡；在缺乏生命的意義與獎懲的承諾中，死亡是對無意義感的終極體驗。舊有的神學和虔誠所提供的確定性，不再能夠頂得住現代性的批判之光。因為有太多事已經發生，讓我們無法返回前批判的時代；因為有太多的重大牽涉，讓我們無法在面對複雜時假裝單純。環境要求我們要有勇氣，去重新調整舊有的概念和觀念，以滿足當下存在的需要。本書充滿了這類觀念上的重新調整。

例如，為了回應對命運與罪疚的種種焦慮，田立克祭出他所謂「確信的勇氣」（courage of confidence）。「真正的相信」是儘管大環境削弱了這份相信卻仍能維持相信，而不僅是因為有證據支持才相信。當你一帆風順時，不需要想像力或勇氣就能相信上帝是站在你這一邊。但如果你正在受苦或失敗，就需要很大的勇氣和想像力，去相信上帝與你同在。面對恨時相信愛，面對死亡時相信生命，面對暗夜時相信白晝，面對邪惡時相信善良——在一些人看來，這種觀念似乎是無可救藥的天真與幻想，是「在黑暗中吹口哨」（這肯定不是田立克會用的說法）。

但對田立克來說，這些都是巨大勇氣的展現，是超越事實和表象的「確信的勇氣」展現。他認為：「神意（providence）不是一種關於上帝行為的理論，而是面對命運與死亡『確信的勇氣』的宗教象徵。因為『確信的勇氣』甚至會對死亡置之不理。」這番話呼應了約伯，他身在糞堆和絕望中都不屈服，宣稱「祂雖殺我，我還是讚美祂」（《約伯記》第十三章第十五節）。

信仰也具同樣性質。它既非一種理論性的肯定，也不是一種觀點。它具有「接受『接受』（accepting acceptance）的性質」，是信仰容許救恩得以發揮作用，所以信仰不再是相信「非如此」（ain't so）的事情（譯注：前面說過，現代人認為「信仰」就是相信不可信的事情），也不是一套不可能成立的教會教條，而是去接受不可被接受者（即一己）的被接受。

按照田立克的理解，在充滿否認和死亡的否定世界裡，勇氣是不理會「非存有」而對「存有」所做的自我肯定。「這種自我肯定的力量，就是存有的力量，它在一切勇敢的行為中都會發揮效用。信仰就是對這種力量的體驗。」

在田立克看來，「絕對信仰」是對「上帝之上的上帝」（God above God）的信想。這是終極的勇氣，因為它把最根本的懷疑（懷疑上帝是否存在）納入其中，並超越傳統有神論的上帝概念。現代性已經能夠推翻傳統有神論的上帝。這成為二十世紀末許多神學論述的主題，但這對尼采來說並不是新觀念，他早在一九六〇年代以「上帝已死」向神學家預告了這一點。然而，這裡的「上帝已死」死的不是上帝，死的是傳統有神論中的上帝。而且在田立克的觀點裡，正因為有神論中的上帝已死，才讓「上帝之上的上帝」成為存在的勇氣的終極源頭。

然而，「上帝之上的上帝」的概念，引起許多困惑。有些人主張，田立克是在掏空上帝的概念，向現代性中的世俗無神論屈服。但田立克力稱他只是在掏空一個「不再能夠被現代世界的真誠思想探索所支持的」特定上帝概念。當前科學時代崩潰時，那個前科學時代的上帝發生了什麼事？那些普遍存在將上帝擬人化、個人化、機械化的觀念，例如：羅賓遜主教（John A. T. Robinson）在《忠實於上帝》（*Honest to God*）一書中所說的「樓上的上帝」（God upstairs）將變得不再可信。

田立克認為，上帝概念的瓦解並不代表上帝實質的瓦解。反之，現代人應被鼓勵去思考「上帝之上的上帝」，也就是超越我們想像力界線之上和之外的上帝。「上帝已死」也許會讓某些人陷入無神論和無意義感的絕望中，但田立克認為，這會引導人們對超越一切懷疑的上帝有更大和更深的信仰。這種新的信仰奠基於「其他所有的神」被證明是不足之後仍然存在的上帝，換言之，有一個上帝從懷疑的另一邊浮現，而透過該上帝，我們獲得了勇氣。

透過這個上帝，讓信仰、勇氣、神意和盼望獲得了新的意義，而這個意義是無法被現代性的舊戰爭或微不足道的小勝利所摧毀。田立克在「被超越的有神論」一節中，談到了這一點。

這是上帝的一種新展現，而他在一九五八年一篇講道中表達得更清楚，該講道是以《以賽亞書》四十三章十六節和十八至十九節為基礎，題為〈看啊，我要做一件新事〉（Behold, I Am Doing a New Thing）。他說道：「歷史上的新事，總是出現在人們最不相信它會出現的時候。但毫無疑問的，新事只會出現在舊事變得陳舊和垂死、看不見出路的時候。我們生活在這樣一個時刻，這樣的時刻就是我們的處境。」

田立克認為，《以賽亞書》經文中的「我」字，是「指向真正新事的源頭——這源頭總是常新和常舊，它就是『永恆』（the Eternal）」。「上帝之上的上帝」就是「永恆」，這在一個因為有神論之死而垂頭喪氣且癡迷於自毀的世界裡，可不是一個小主張。「『上帝之上的上帝』儘管隱密，但總是呈現在每一次的人神互動中（divine／human encounter）。」這就是為什麼我們應該珍視這一類互動，因為它們有潛力成為「上帝之上的上帝」的展現。

＊＊＊

一九五五年至一九六二年間，田立克任教於哈佛大學。他是大學裡的思想巨擘之一：做為一名「講座教授」，他有自由在任何科系開課。雖然他主要隸屬神學院，但他的教學範圍不局限於神學院，在文理科系一樣大受歡迎。他是哈佛大學「紀念教堂」（Memorial Church）講道者之一，每次講道總是座無虛席，連走道都站滿人。他被稱為「神學家的神學家」，但這個稱呼不太精確，因為它暗示只有神學家能理解他，且他也只對神學家說話。事實上，這個稱謂是要表達他的神學工作是做得多麼出色和優雅，以致大受其他神學家景仰，也鼓勵他們努力把自己的工作做得更好。

做為一個公眾人物，田立克在很多方面和愛默生（Ralph Waldo Emerson）相似，但這不是因為他的觀念和這位康科德（Concord，愛默生家住康科德）的聖人有共通之處，而是因為他自視為我們今日所稱的「公共知識分子」，也被公眾這樣看待。公共知識分子之所以受到歡迎，不是靠著簡化複雜思想，也不是因為他們具有娛樂性；事實上，要聽懂或讀懂他們的話語和著作，都需要付出努力。不過，大部分的人都認為這種努力是值得的，並因此附諸行動。

例如，在十九世紀的康科德，據說農夫們會在下午提早把雜務做好，以便到鎮上的呂克昂堂（Lyceum Hall）聆聽他們的鄰居愛默生演講，而當他們回到家之後，他們的妻子會詢問演講的內容是關於什麼。一個典型的回答是：「我不知道，但精采極了，不是嗎？」在全國各地大學、教堂和演講廳聽過田立克講道和演講的人，大概也會說類似的話，但現在有更多的人理解了他所說的內容，會因為田立克對人類處境的分析、對當代文化的洞見，以及對舊難題帶來的新啟示深感動容。美國神學家霍頓（Walter Horton）把大眾對田立克思想的反應稱為「帶敬意的神祕化」（respectful mystification）。

一九四八年，田立克出版了一本文集，收錄他從一九二七年到第二次世界大戰結束期間所寫的文章，這本書由芝加哥大學出版，書名為《新教紀元》（*The Protestant Era*）。封面的書名下面印著兩個問題：一是「基督教文明出了什麼問題？」，二是「新教是否需要改革？」這本書由米德維爾神學院（Meadville Theological School）的亞當斯（James Luther Adams）編輯，原書名是《新教紀元的終結》，但田立克被提醒，這樣一個悲觀的書名，在美國強勁的新教和樂觀戰後文化中不可能會暢銷。在該書結尾篇章〈田立克的新教紀元概念〉中，亞當斯引用了史萊馬赫（Friedrich Schleiermacher）的名言「宗教改革必須繼續下去」，並主張此說法可以清楚道出田立克作品的重點。不管史萊馬赫或田立克都不鼓吹回歸十六世紀的德國神學，但就像宗教改革時期標誌著前一個時代的結束，這一時期的意識激發了那些必須推動變革和改革的人，因為我們也是生活在由這些改革肇始時代的結尾。世界不再是過去的樣貌，而且永遠不會回到過去。我們必須記得，那些我們仰望的歷史人物，事實上是在展望未來。

宗教改革的工作，不是回到前人所在之處，而是要堅持走向他們所欲前往的地方。要了解做為一個講道人、哲學家、神學家和文化批評家的田立克，我們必須了解「持續改革」的概念。這種改革的不可抵擋力量，在人文主義和現代性帶來新教時代的終結中，變得更加必要。根據亞當斯的說法：

> 倘若新教要在這個節骨眼扮演一個批判性和創造性的角色，它就必須掙脫某些附著於目前已接近解體的文化展望和結構，透過對其原理的新理解和應用，協助創造教

會與社會之間新的整合形式。

呼籲推行一場新的宗教改革，是田立克所有作品的潛在主題，這也預示了他在本書中，對神學概念的靈活性應用（本書出現在《新教紀元》出版的四年後）。生活在一個時代和另一個時代的邊界上，是田立克一個典型的思想姿態，那是一個總是充滿危險的時期。在本書中，他主張基督教神學在這樣的時代中，有其責任和角色：「它（神學）應當選擇真理而不惜犧牲安全，儘管安全是教會奉為神聖並支持的。」這可能使神學家處於教會與神學之間的邊界，同時也處於神學與文化之間的邊界上。但對田立克來說，堅持在新教紀元之後進行宗教改革，以應對我們的制度與處境，意謂著他只能站在邊界之上，無法置身於別處。

＊＊＊

一九六五年秋天，做為哈佛神學院的新生，我和所有人一樣參加了田立克的追思禮拜。在追思禮拜上，大人物們致上他們的敬意。談到田立克對年輕人的影響時，校長普西（Nathan Marsh Pusey）指出：

他比大多數人更清楚的看到，二十世紀知識分子、受過教育的人和煩憂的人的困境，這些人被這個時代的文化正統切斷了與信仰能量的連結。他比任何人更加滿心和慈悲的想要幫忙，而且他對這個時代確實提供了幫助，因為他除了是神學家還是藝術家、哲學家，既關心基督也關心文化。

田立克的好友暨哈佛大學同事亞當斯寫道：

在他一輩子與過去和現在的對話中，田立克尋求為我們時代做的，就像奧古斯丁為自己所在的絕望時代所做的事一樣，當羅馬帝國在西方的統治下搖搖欲墜時，直面每一種相爭的意識形態，以期為耗盡的宗教消除累積的殘渣，並更新宗教象徵的力量，以便透過分享馬丁．路德對基督的「新存有」（New Being）的信仰（這信仰同時曉得上帝之怒和上帝之愛，同時「證立了」人的知識良知和道德良知），把分心和異化的精神再一次導引回一種信實的「終極關懷」（ultimate concern）中。

在一本三一神學院出版的紀念冊中，當時是哈佛大學社會學副教授的羅伯特・尼利・貝拉（Robert Neeley Bellah）寫道：「很多人透過田立克發現基督教信仰不必然是『相信不可信的事情』，我就是其中之一。我不確定自己是否符合田立克或者任何人對基督徒的標準，但正是田立克幫助我，看見做為基督的耶穌和我的生命有某種終極的關聯。」

田立克這位哲學家兼神學家的巨大學識，濃縮在這本小書裡，而此書的思想生命力並沒有隨時間而減損。沒有人會主張田立克的作品是輕鬆的午後讀物。本書並不準備與當代許多輕鬆易讀、影響力有限的靈性書籍並存：它無法轉化為簡單的金句，或激勵人心的勵志話語。它深刻且敏銳的指出，現代困境自一九五二年之後並沒有任何正面的改變。事實上，我們大有理由主張，本書在新世紀的初始更有話語權。現在的我們比當時更為消沉，也比較略有智慧。我們已經學會不再輕信主流的簡單樂觀主義，以及那些只想討好的講道者與政客的甜言蜜語。我們知道自己內心的惡魔並不容易驅逐，明白了我們渴望的不僅是能夠熬過一天。我們從自己和別人的經驗知道，我們想要一個美好人生，而那需要勇氣。田立克並沒有否定我們身處其中的世界，他只是否定這個世界對我們的終極控制。在田立克的詞彙裡，自我肯定並不是一種對抗低自尊的練習，也不是在我們這個極度害怕失敗的時代裡大為流行的那種自我膨脹。正好相反，在田立克看來，自我肯定是一個弔詭，是「參與到某種超越自我的物事中」。

我無法想像，對於那些更迫切需要幫助的人來說，還有比這本書中的訊息更合時宜的。它的最後一句話，或許可以做為數以百萬計新世紀讀者的靈性冒險起點：

存在的勇氣，根植於那個「當上帝在懷疑的焦慮中消失時」所出現的上帝。

彼得．戈麥斯（Peter J. Gomes）

第一章

存有與勇氣

“勇氣的倫理學：人「不理會」那些與其本質性自我肯定衝突的生命成分，而對自己的存有予以肯定。”

這是一場尋找「勇氣真相」的旅程，
從柏拉圖、斯多噶學派、斯賓諾莎到尼采，勇氣的定義不斷發展，
但它「肯定自我」的核心始終不變。
本章將一邊探尋勇氣的多重面向，一邊思考它在過去與現在，
是如何影響我們的生命態度。

按照特里基金會規定，講座應探討「科學和哲學燭照下的宗教」，我因此挑選了一個結合神學、社會學和哲學，各種難題交織在一起的概念做為講題，那就是「勇氣」。很少有概念像「勇氣」一樣，適合用於分析人類處境。勇氣是一種倫理學的事實，但它卻深入人類生命（human existence）的整個領域，最終根植於「存有自身」的結構之中。因此，為了從倫理學的角度了解勇氣，我們必須先從「存有論」對其進行思考。

這點在最早探討勇氣的哲學討論——柏拉圖對話錄《拉凱斯篇》已昭然若揭。在對話的過程中，幾個對勇氣的初步定義都被否定了。然後，著名的將軍尼西亞斯（Nikias）再次嘗試給予定義。身為軍事領袖，他理應知道何謂勇氣，並能夠給予界定。然而，他的定義就和其他人一樣，被證明是不充分的。

如果勇氣就像他主張的那樣，是關於「什麼是該害怕、什麼是可以大膽去做」的知識，那勇氣就會變成一個普遍性的問題。因為要回答這個問題，一個人必須具備「關於任何情境下善與惡的知識」。但這樣一來，就抵觸最初認為「勇氣只是美德的一部分」的定義。

蘇格拉底做出結論：「因此，我們未能發現勇氣究竟是什麼。」而在蘇格拉底的思想架構中，這種失敗是相當嚴重的事情。根據蘇格拉底的觀點，美德是一種知識，如果對勇氣一無所知，就無法做出和勇氣真正本性相一致的行為。

不過，蘇格拉底的這個失敗，比起大多數看似成功的勇氣定義（甚至包括柏拉圖和亞里斯多德）都要成功得多。因為未能將勇氣做為其中一種美德來定義，正好暴露出人類生命的一個基本難題：要了解勇氣，前提是要對人類及其世界的結構和價值有所了解。只有了解這一點的人，才會知道該肯定什麼或否定什麼。

對勇氣性質的倫理學探討，無可避免會導向對存有（being）性質的存有論追問。當然，這個順序也可以顛倒過來。對存有性質的存有論探詢，也可視為對勇氣性質的倫理學問題來加以追問。勇氣揭示存有是什麼，存有可以向我們展示勇氣是什麼。因此，本書第一章就在討論「存有與勇氣」。雖然我不可能有機會在蘇格拉底失敗之處取得成功，但甘冒幾乎不可避免的失敗風險，或許有助於讓蘇格拉底的問題持續保持活力。

1 勇氣與堅剛：從柏拉圖到阿奎那

這本書的書名「存在的勇氣」，將勇氣概念中的「倫理學意義」與「存有論意義」結合在一起。做為人類行為、做為評價的對象，勇氣是一個倫理學概念；而做為對一己存有的普遍性和本質性的自我肯定（self–affirmation），勇氣則是一個存有論概念。「存在的勇氣」就是這樣的倫理行為：人「不理會」那些與其本質性自我肯定衝突的生命成分，而對自己的存有予以肯定。

只要瀏覽一下西方思想史，我們就會發現勇氣的這兩種意義幾乎無所不在，時而顯豁、時而隱含。由於我們會用獨立的篇章去處理斯多噶主義者和新斯多噶主義者（Neo–Stoic）的勇氣觀念，所以這裡我只對從柏拉圖到阿奎那這一傳統的勇氣概念加以論述。在柏拉圖的《理想國》（*Republic*）一書中，勇氣是與靈魂中一個被稱為 thymós（意氣昂揚或勇敢意涵）的成分有關，而這個成分與勇氣，又與被稱為

phýlakes（護衛者）的社會階層相關。

thymós 位於人的理性與感性成分之間，是一種對崇高目標不加思索的追求。因此，它居於靈魂結構的中心，成為理性和欲望之間的橋梁（至少有能力發揮這種作用）。事實上，柏拉圖思想的主流和柏拉圖學派的傳統，是趨向二元性的，強調理性與感性之間的衝突。所以，這座橋梁沒有派上用場。

後來，到了笛卡兒和康德的時代，由於「人的存有」所具有的中介因素（thymoeidés）被消除了，導致了一系列倫理學和存有論的後果：由此產生了康德的嚴厲道德要求（moral rigor），以及笛卡兒對思想與擴延性（extension）的二分法。這種發展的社會背景是眾所周知的。

柏拉圖的「護衛者」是配備了武裝的貴族階層，是高貴和優雅事物的代表，且從中又誕生了智慧的肩負者，進而將智慧添加到勇氣之中。然而，這個貴族階層和它的價值觀念後來瓦解了。現代的布爾喬亞（Bourgeoisie，編按：資產階級）和古代世界晚期（Late Antiquity，編按：歷史學上的術語，指古典時代到中世紀之間的時期）一樣，都失去了智慧和勇氣，取而代之的是啟蒙理性的肩負者，以及由技術組織起來加以指導的大眾。儘管如此，柏拉圖本人卻將勇氣這種中介因素，視為「人的存有」的一種本質性功能、一種倫理價值和一種具有社會學意義的品質。

***

亞里斯多德既保留了勇氣中的貴族成分，又對其加以限制。根據他在《尼各馬可倫理學》（*The Nicomachean Ethics*）中的看法，勇敢面對痛苦和死亡的動機是，在於那樣做是高貴（noble），不那樣做是卑賤（base）。所以，勇敢者的行為「是為了追求高貴，因為高貴乃是美德的目標」。在這個概念下，「高尚」與「卑賤」分別是kalós和aischrós的英譯，而這兩個詞通常相當於「美」和「醜」。一種美的或高貴的行為，是值得讚美的行為。因此，有勇氣的人，就是會去做值得讚美的事，並且拒絕做會被人鄙夷的事。人們讚美的是，一個人因為實現了自己的潛能，讓自己邁向完美。

勇氣是一種對一己的本質或內在目標的肯定，但這種肯定帶有「不理會」的性質。這種肯定可能需要（有時甚至必然需要）犧牲掉屬於我們生命的某些成分——

如果不加以犧牲，我們將無法圓滿的實現自己。這些被犧牲的東西可能包括快樂和幸福，甚至包括一己的生命。無論如何，這種犧牲都是值得稱讚的，因為在勇氣的行為中，我們存有的最本質部分勝過了其他次要的部分。在勇氣行為中所具體體現的美與善，正是勇氣本身所具有的美與善。因此，勇氣是高貴的。

對於亞里斯多德（以及柏拉圖）而言，完美在自然、個人和社會上有不同層次的實現，而勇氣做為對人的本質性存有的肯定，在某些層次中比其他層次更為突出。既然對勇氣的最大考驗，是隨時準備好做出最大的犧牲（犧牲性命），而軍人的職責也要求他們隨時準備犧牲，那麼軍人的勇氣就一直會是勇氣的傑出典範。

勇氣的希臘文 andreía 和拉丁文 fortitudo 都有軍事意涵。只要貴族階層一天裝備著武裝，勇氣的貴族意涵和軍事意涵就會繼續統一在一起。當貴族傳統瓦解、勇氣被界定為關於善惡的普遍知識時，智慧和勇氣就會匯聚，真正的勇氣與軍人的勇氣就能區分開來。所以，蘇格拉底臨死前的勇氣，是一種「理性—民主式勇氣」，而非「英雄—貴族式勇氣」。

但在中世紀早期，勇氣的貴族路線得到復興，再度成為高貴的特徵。代表勇氣的「騎士」（同時有軍人和貴族的身分）。他們被稱為 hohe Mut，也就是擁有高貴和勇敢的精神。

德語有兩個代表勇氣的單字，一個是 tapfer，一個是 mutig。tapfer 本意是堅定、有力、重要，指的是身處封建社會上層階級所具有的權勢。mutig 衍生自 Mut，後者指心靈的活動，且 Mut 又和英文單字 mood（心緒）意近，進而產生了 Schwermut（低落的）、Hochmut（高昂的）、Kleinmut（膽怯的）等詞。Mut 是關乎「心」（heart），也就是個人中心的事情。因此，mutig 可以用「心勇」（beherzt）一字來表達（就像英語和法語的勇氣〔courage〕都是衍生自法語的「心」）。

Mut 一直保留著這種廣泛的意涵，Tapferkeit 則愈來愈成為軍人專用的特殊美德，不再等同於騎士和貴族。顯然，Mut 和 courage 兩個單字直接導向了存有論問題，而 Tapferkeit 和 fortitude 在它們現今的意思中則沒有這樣的意涵。我這系列講座的主題無法是「存在的堅剛」（The Fortitude to Be，德文為：Die Tapferkeit zum Sein），而是必須是「存在的勇氣」（The Courage to Be，德文為：Der Mut zum Sein）。這些語言學上的探討，揭露出勇氣概念在中世紀的處境，顯示出「英雄—

貴族式倫理」和「理性—民主式倫理」之間的緊張關係，尤其後者是基督教人文主義傳統的遺產，而這一傳統到了中世紀末將再次顯現。

＊＊＊

這種情形在阿奎那（Thomas Aquinas）的勇氣學說中，獲得經典的表述。阿奎那注意到這點並討論了勇氣意義中的二元性。勇氣是一種心靈力量，能夠克服一切阻礙我們企及最高善（highest good）的威脅。勇氣與智慧是結合在一起的，而智慧又是四大美德的結合代表（另兩種美德是克制〔temperance〕和公正〔justice〕）。透過敏銳的分析，會發現這四種美德不是平起平坐。勇氣與智慧結合在一起時，就包含了對一己的克制和對他人的公正。那麼，由此而來的問題就是：勇氣和智慧，何者是涵蓋範圍更大的美德？

這個問題的答案，取決於一場知名爭論：在存有的本質中，也就是在人的人格中，究竟是理智（intellect）還是意志（will）更具有優越性？由於阿奎那毫不無猶豫的站在理智這邊，因此使得勇氣從屬於智慧。但如果認為意志才具有優越性，則將會賦予勇氣相對於智慧更大的獨立性（但非全然獨立性）。這兩種思路的差異，對於如何評價「冒險的勇氣」（venturing courage，用宗教術語來說則是「信仰的風險」〔risk of faith〕），有著決定性作用。

在智慧的主宰下，勇氣本質上是「心靈的力量」，並使得勇氣服從於理性指引（或啟示）的支配；而「冒險的勇氣」則參與了對智慧的創造。前一種觀點的最大危險，是把勇氣看做一種沒有創造性、呆滯的東西，如我們在許多天主教派和一些理性主義思想中所見。後一種觀點的危險性同樣明顯，那就是不受指引的任意妄為，某些新教教派和大部分存在主義思想就是如此。

然而，阿奎那也捍衛較狹義的勇氣，稱之為「堅剛」（fortitude），認為那是美德中的一種。在這些討論中，他通常把軍人的勇氣視為是狹義勇氣的傑出典範。這一點與阿奎那的總體傾向一致，他喜歡把中世紀社會的貴族結構與基督教和人文主義中的普遍成分結合在一起。阿奎那認為，完美的勇氣是「聖靈」的恩典。透過聖靈作工（編按：聖靈在人內心的感動、更新與轉變，也可指神蹟奇事），心靈的自然力量被提升到超自然的完美境界。這就表示，勇氣和基督教的特有美德「信、望、愛」（faith、hope、love，信仰、希望與愛的簡稱）結合在一起。於是，我們看到一種發展：勇氣的存有論面向被納入「信仰」（以及「希望」）之中，而勇氣的倫理學面向則被納入了愛（即倫理學原則）中。

勇氣被納入「信仰」（特別是在「信仰」隱含著「希望」的時候）的觀點出現的很早，例如：曾出現在安布羅斯（Ambrose）的勇氣學說裡。所以當阿奎那說「堅剛」是一種「比其他美德更崇高的美德」時（儘管他又認為勇氣不會單獨出現），其實是追隨了古代的傳統。勇氣聽從理性的吩咐並執行心靈的意向。它是靈魂的力量，就像《希伯來書》第十一章所列舉的《舊約》殉道者一樣，可以戰勝終極的危險。勇氣給予的是安慰、忍耐和體驗，變得難以與「信仰」和「希望」區分。

根據勇氣概念的這種發展，我們可以看見，每個定義勇氣的嘗試都面臨一個抉擇：要不是將勇氣做為美德之一，將其更廣泛的意義融入「信仰」和「希望」之中；就是保留這種廣泛意義，透過對勇氣的分析解釋「信仰」。本書採取的是後者，部分原因是因為我相信，「信仰」比其他宗教用語都更需要這樣的重新詮釋。

2 勇氣與智慧：斯多噶主義

涵義更廣的勇氣概念（包括倫理學和存有論成分在內），分別透過斯多噶主義者和新斯多噶主義者在古代晚期和近代初始大為流行。兩者都是哲學學派，同時又超越了僅僅做為哲學學派的範疇。它們是在古代世界晚期中，某些最高貴的人物和他們的近代追隨者，用來回應生命問題並克服命運和死亡焦慮的方法。在這個意義下，斯多噶主義是一種基本的宗教態度，無論這種態度是以「有神論」、「無神論」或「超神論」（transtheistic，編按：一種介於有神論與無神論之間的哲學立場）的形式來表現。

因此，在西方世界中，斯多噶主義是唯一能真正替代基督教的選項。有鑑於基督教必須和諾斯底主義（Gnosticism，又稱靈知派）及新柏拉圖主義爭奪「宗教—哲學」領域，又必須和羅馬帝國爭奪「宗教—政治」地盤，所以前述這種說法就顯得出人意料了。乍看之下，受過高等教育和具有個人主義傾向的斯多噶主義者，不但對基督教不構成危險，還樂於接受基督教有神論的一些成分。但這其實是一種膚淺的分析。

基督教和古代世界的宗教融合主義（religious syncretism）有一個共同的基礎，那就是有一個「神」（divine being，或稱神聖存有）會降生拯救世界。在環繞這個觀念展開的各個宗教運動中，人對命運和死亡的焦慮，會透過人參與到「神」之中而被克服。基督教雖然也有著相似信仰，但因為救主耶穌基督有個人性格，和《舊約》一書的具體歷史基礎，使其優於宗教融合主義。

因此，基督教可以吸收古代世界晚期的「宗教—哲學融合主義」的很多成分，而不失去歷史根基。但是，基督教卻不能同化真正的斯多噶主義的態度。考慮到斯多噶主義的「邏各斯」（Logos，編按：古希臘哲學用語，表示支配世界萬物的規律性或原理）學說和自然道德律的學說，對基督教教義和倫理學的巨大影響時，這一點尤顯得不可思議。但這種對斯多噶思想的廣泛接受，並無法為斯多噶主義的棄世思想（cosmic resignation）和基督的救世思想（cosmic salvation）搭起一座橋梁。

基督教教會的勝利讓斯多噶主義湮沒無聞，直到近代初始才重現身影。羅馬帝國也不能成為基督教的替代。再一次讓人覺得不可思議的是，在羅馬皇帝中對基督教構成嚴重威脅的，既不是尼祿（Nero）這樣的任性暴君，也不是尤利安（Julian）這樣的狂熱反動派，而是馬可斯．奧理略．安東尼努斯（Marcus Aurelius Antoninus）這樣正派的斯多噶主義者。原因在於，斯多噶主義有一種既社會又個人的勇氣，而這種勇氣正是基督教勇氣的真正競爭者（替代者），提供了一種不同於基督教、卻同樣強大的精神支柱。

斯多噶式勇氣不是斯多噶主義哲人的發明。他們只是用理性的術語給予勇氣一個經典性的表述，事實上，其根源可以回溯到神話故事、英雄傳奇、早期的格言警句、詩歌和悲劇等，以及根植於斯多噶主義興起前若干世紀的哲學傳統。而其中有一個事件，特別讓斯多噶式勇氣的力量常駐不衰：蘇格拉底之死。

它對整個古代世界既是一件事實，也是一個象徵。它顯示出面對命運和死亡時的人類處境，展示出一種因為能夠肯定生命而能夠肯死亡的勇氣，並為勇氣的傳統意義帶來了深刻的轉變。在蘇格拉底身上，過去的英雄式勇氣被理性化和普遍化。

勇氣的民主概念被創造了出來，對比於勇氣的貴族概念。軍人式的堅剛被智慧的勇氣所超越。在充斥災難和變遷的整個古代世界中，這種形式的勇氣給很多人帶來了「哲學的慰藉」。

＊＊＊

像塞內加（Seneca）這類人所描繪的斯多噶式勇氣，顯示出「對死亡的恐懼」和「對生命的恐懼」是相互依存的，也顯示「赴死的勇氣」和「活下去的勇氣」同樣相互依存。他提到有些人「不想活下去但又不知道怎樣死」，談到了「libido moriendi」，這句拉丁文翻譯過來正是佛洛伊德所說的「死亡本能」（death instinct）。塞內加提到，那些感覺生命沒有意義且多餘的人，就像《傳道書》（*Ecclesiastes*）所說：「我沒有任何新鮮事可做，沒有任何新鮮事可看！」

在塞內加看來，這是接受「快樂原則」（pleasure principle）或美國短語「及時行樂」（good-time）態度的結果，這種態度在年輕一代尤為盛行。就像「死亡本能」在佛洛伊德的理論中，指的是從未得到滿足的「力比多」（libido）內在驅力的否定；同樣的，塞內加認為，接受「快樂原則」必然會導致對生命的厭惡和絕望。但塞內加知道（佛洛伊德也知道），無法肯定生命並不代表就能肯定死亡。對命運和死亡的焦慮，甚至控制著那些已失去活下去意志的人的生命。這顯示，斯多噶主義者的所說的「自殺」，並不是針對那些被生命征服的人，而是針對那些已經征服了生命的人，這些人既能生也能死，並能在生死之間做出自由選擇。做為逃避方法的自殺是聽命於恐懼，與斯多噶式存在的勇氣相抵觸。

無論是在倫理學意義或存有論意義上，斯多噶式勇氣都是一種「存在的勇氣」（courage to be）。它是建立在人對一己的理性控制，但這個理性的意義在新、舊斯多噶主義中都不同於今日。斯多噶意義下的理性不是「推理」能力，即不是以經驗為基礎、以普通邏輯或數學邏輯為工具的論辯能力。對斯多噶主義來說，理性就是「邏各斯」，它是整體的實在（reality）所具有的意義結構，特別是人類心靈所具有的意義結構。塞內加指出：「如果人除了理性之外別無其他屬性，那麼理性就是唯一的善，其價值抵得上其他所有屬性的總和。」這表示，理性是人的真正本性或本質本性，與此相比其他屬性都是偶然的。

「存在的勇氣」是肯定一己理性本性的勇氣，和我們偶然的其他屬性無關。顯然，在這種意義上，理性指向人格的中心，並包括他所有的心智功能。換句話說，「推理」是一種脫離了人格中心的有限認知功能，絕不可能創造出勇氣。

＊＊＊

我們不可能透過論證而消滅焦慮。這不是晚近的精神分析學才有的發現，斯多噶主義者在讚揚理性時也深知這一點。他們明白只有透過普遍理性所具有的力量（這種力量會在智者身上勝過欲望和恐懼），焦慮才得以被克服。斯多噶式勇氣要求人格中心臣服於存有的邏各斯：這個勇氣是對理性神聖力量的參與，超越了激情和焦慮的領域。我們的理性本性和存有自身的理性本性是統一的，而存在的勇氣就是「不理會」我們內心中和這種統一相抵觸的一切，進而對我們自己的理性本性加以肯定。

欲望和恐懼——與智慧的勇氣相抵觸。斯多噶主義者發展出一套深刻的焦慮學說，它和晚近的分析很有相似之處。他們發現，恐懼的對象正是恐懼本身。塞內加指出：「除了恐懼本身，沒有什麼是可怕的。」愛比克泰德（Epictetus）也說：「可怕的不是死亡和艱難，而是對死亡和艱難的恐懼。」

我們的焦慮為所有人事物都戴上可怕的面具。如果我們能揭去這些面具，讓後方的本相顯露出來，那面具所帶來的恐懼將會消失。甚至對於死亡亦是如此。由於每一天都會奪走一點我們的生命，由於我們每一天都在走向死亡，所以我們臨終的一刻其實並未帶來死亡，而僅僅是完成了死亡的過程。與這最終時刻相關的恐懼，只是一種想像的產物，當我們把套在死亡觀念上的面具摘除，恐懼也就消失了。

正是我們那些不受控制的欲望創造出面具，將它們戴在各種人事物上。塞內加早就預示了佛洛伊德的「力比多理論」，不過佛洛伊德所指的涵義更加廣泛。佛洛伊德區分了兩類欲望，一類是有限度的自然欲望，另一類是起源於錯誤觀念的無限欲望。事實上，欲望本身並非無限的：在其未受扭曲的本性中，欲望受到客觀需要的限制，因此是能夠被滿足的。但人扭曲的想像力超越了客觀需要時（「一旦迷途，你的漫遊就會失去限制」），欲望就變成不可能滿足。正是出於這種想像而非欲望本身，產生出「對死亡的不理智傾向」。

不理會欲望和焦慮，而去肯定一己本質的存在，會創造出喜樂（joy）。受塞內加的激勵，盧西留斯（Lucillus）以「學會感受喜樂」為己任。他指的喜樂不是欲望得到滿足而產生的喜樂，因為真正的喜樂是一件「切斷的事情」（severe matter），他指的是超越於任何環境的靈魂快樂。

只要我們不理會身上偶然成分的抑制，去肯定一己的本質，喜樂就會出現。喜樂是我們對我們真我的情緒表達。勇氣和喜樂的這種結合，最能夠清楚彰顯勇氣的存有論特性。如果只從倫理學角度詮釋勇氣，那麼它和自我實現的喜樂的關係就會被掩蓋。在對一己的本質進行自我肯定的存有論行為中，勇氣和喜樂會渾然一體。

＊＊＊

斯多噶式勇氣既不是無神論性質，也不具有神論性質。斯多噶主義者探討了勇氣和上帝概念之間的關係問題，並給出了答案——然而這個回答也引發了更多的問題。這個事實顯示出斯多噶主義者對勇氣概念的嚴肅態度。對於勇氣和宗教的關係，塞內加有過三個陳述。

第一個陳述是：「只要不懾於恐懼和不溺於快樂，我們就能既不害怕死亡亦不害怕諸神。」在這句話裡，諸神代表了命運，是決定命運的力量，象徵著命運的威脅。勇氣征服對命運的焦慮，也可以征服對諸神的焦慮。智者透過肯定本身對普遍理性的參與，進而超越了諸神的領域。這種「存在的勇氣」，超越了命運的多神論力量。

塞內加的第二個陳述是：「智者的靈魂和上帝的靈魂相似。」這裡的上帝是指神聖的邏各斯，透過智慧的勇氣與它合而為一，便可征服命運和超越諸神。這個上帝是「上帝之上的上帝」（God above god）。

第三個陳述則闡明了棄世觀念和救世觀念的差異。塞內加指出，上帝是「超越」（beyond）於苦難之外，而真正的斯多噶主義者則是「超拔」（above）於苦難之上。這暗示著痛苦和上帝的本性相抵觸。祂不可能有痛苦，因為祂是「超越」於痛苦之外。斯多噶主義者的人類卻會感受到痛苦，但他必須不讓痛苦征服他的理性存在的中心。他可以讓自己「超拔」於痛苦之上，因為痛苦不是他的本質性存有的結果，而是他身上偶然事物的結果。

「超越」和「超拔」的差異隱含一種價值判斷。能夠勇敢的克服欲望、痛苦和焦慮的智者，勝過上帝本身。他在上帝之上，因為上帝乃是憑著祂天然的完美和至福，超脫於一切痛苦和焦慮之上。在這個價值判斷的基礎上，「智慧和棄世的勇氣」就可以被「相信救贖的勇氣」所取代，也就是去相信上帝弔詭的參與到人類苦難中。不過，斯多噶主義者從未邁出這一步。

每當下面的問題被提出，斯多噶主義就走到了它的極限：智慧的勇氣是如何可能？雖然斯多噶主義強調所有人都是平等的參與到普遍的「邏各斯」中，但他們無法否認智慧是僅屬於非常有限的精英群體所擁有的事實。他們承認，芸芸大眾都是「蠢材」，受到欲望和恐懼的枷鎖束縛。雖然在本質性或理性的本性上，人類參與了神聖的「邏各斯」，但大部分人卻都是處於一種與自己的理性對立的狀態，因此無法勇敢的肯定他們的本質性存有。

斯多噶主義者不可能解釋得了這種他們無法否認的情形，不只無法解釋為什麼「蠢材」在芸芸眾生中占了大多數，也無法對智者身上的某些東西做出解釋。塞內加說過，沒有比產生於「徹底絕望的勇氣」更大的勇氣。但是，我們不禁要問，做為斯多噶主義者的他，曾經到達過「徹底絕望」的狀態嗎？還是說，他的絕望中缺少了某些東西，因而他的勇氣也因此有所欠缺？做為斯多噶主義者的他並沒有體驗過個人罪疚（personal guilt）的絕望。

愛比克泰德曾引用色諾芬（Xenophon）在《回憶蘇格拉底》（*Memorabilia*）中所記載的蘇格拉底的話做為例子：「在我的私人和公共生活中，我從沒有行差踏錯。」愛比克泰德自己則斷言，他已經學會不去在乎處於他道德目的之外的任何事物。但這類說法更多的是暴露出斯多噶主義者在《論說集》（*diatribai*，他們的道德演說和社會批判）中所顯示出的高高在上和沾沾自喜態度。

斯多噶主義者不可能像哈姆雷特那樣，認為「良心」讓我們全都變成了懦夫。他們也不會把從本質性理性墮落到存在的荒謬，視為關乎責任和罪疚的問題。對於斯多噶主義而言，「存在的勇氣」對他們來說是不理會命運和死亡而肯定一己的勇氣，而非不理會罪疚與天譴而肯定一己的勇氣。事情無法是別的樣子，因為面對一己罪疚的勇氣，必然引向救贖的問題，而非棄世的問題。

3 勇氣與自我肯定：斯賓諾莎

隨著「棄世的勇氣」被「救贖的信仰」取代，斯多噶主義走向了式微。但是，當被救贖問題支配的中世紀體系開始瓦解之後，斯多噶主義又再次復甦。它重生成為少數知識精英的信仰，這些人拒絕接受基督教的救贖之道，但卻沒有用斯多噶主義的棄世觀念來取而代之。

由於基督教對西方世界的衝擊，古代思想的各種學派在近代早期的復興不只是一種復興，還是一種轉化。懷疑主義、斯多噶主義和柏拉圖主義的復興皆是如此。藝術、文學、國家學說和宗教哲學的復興亦復如是。在這些情況中，古代世界晚期對生命態度的否定性，被轉變為基督教的創世和道成肉身（incarnation，編按：簡言之是神成為了人）觀念的肯定性（儘管這些觀念本身不是被忽視就是被否認）。文藝復興人文主義的精神實質是基督教，一如古代人文主義的精神實質是異教一樣，儘管希臘人文主義批判異教，現代人文主義也批判了基督教。兩種人文主義之間的決定性差異，在於它們對「存有在本質上是否為善」這個問題的答案。創世說暗示著「做為存有的存有是善的」的古典基督教信條；而希臘哲學中的「抗拒質料說」（resisting matter），則表達了異教對存有模稜兩可的感情：因為存有同時參與了創造性的形式和抑制性的質料（物質），所以存有必然是有善有惡。

在基本存有論概念上的這種衝突，產生了重大的後果。在古代世界晚期，各種不同的形上學和宗教二元論，都是和苦行的理念（對物質的否定）分不開的。但在近代早期，這個古代世界的復興卻是用物質的積極改造來取代禁欲（苦行）主義。

此外，在古代世界，對生命的悲劇感主宰著思想和生活（尤其是主宰著對歷史的態度），但在文藝復興卻是開創了一個放眼未來的運動，希望取代了悲劇，進步的信念取代了對循環重複的認命接受。

關於基本存有論差異的第三個後果，是古代人文主義和近代人文主義對個體的不同評價。在古代世界，只看重做為某種普遍事物（例如一種美德）代表的個體；但在近代人文主義的復興，卻珍視個體自身，把個體視為宇宙獨一無二的表現，彼此無法比較、無可取代，也具有無限價值。

顯然，這些差異對人們在詮釋勇氣時，產生了決定性的不同。我這裡所指的並不是棄世與救贖之間的分別。近代人文主義仍然是人文主義，既拒絕救贖的概念也同樣拒絕棄世的觀念。它用一種超越斯多噶主義的自我肯定來取代棄世的觀念，這種自我肯定包含了物質性、歷史性和個體性的存在。

然而，近代人文主義和古代斯多噶主義仍然有著很多相通之處，因此可稱之為「新斯多噶主義」。斯賓諾莎是其代表人物。在他身上，勇氣的存有論獲得了最大的精密化。透過把他的主要存有論著作取名為《倫理學》（*Ethics*），就顯示出他的目的，是要昭示「人的倫理性存在」的存有論基礎，且其中更包含了人的「存在的勇氣」。

＊＊＊

在斯賓諾莎看來（斯多噶主義者也是一樣看法），「存在的勇氣」並不是美德的其中一種，而是萬物參與存有（即自我肯定）的本質性行為的表達。自我肯定學說是斯賓諾莎思想的核心成分。它的決定性性格展現在以下這一命題：「一物竭力保存其存有的努力，即是那物的現實本質。」

「努力」這個詞的拉丁文是conatus，指竭力追求某物。這種追求並非事物的偶然方面，也並非其存有中與其他成分並列的某一成分。相反的，它就是該物的現實本質（essentia actualis）。這種努力使得某件事物成為其所是，以至於如果這種努力一旦消失，該事物自身亦隨之消失。追求自我保存或自我肯定的努力，讓事物成為其所是。

斯賓諾莎將這種做為事物本質的竭力追求，也稱為「事物的力量」，並指出這就是心靈肯定或支配自己行動的能力。如此一來，現實本質、存有力量和自我肯定就等同了起來，而且，更多的等同會隨之而來。當存有力量等同於美德，美德便又等同於本質性的本性。美德是完全按照一己的真實本性行動的力量。美德的程度差異，就是人為保存或肯定自身存有而奮鬥的程度差異，而且不可能設想有什麼先於追求保存一己存有之前的美德。也就是說，自我肯定就是美德的總和。

但自我肯定是對一己本質性存有的肯定，而對自身本質性存有的知識，卻是透過理性（追求充分觀念的靈魂力量的這個中介）方可獲得。因此，無條件的按照美德的要求來行動，就是在理性的指導下行動，目的是肯定一己的本質性存有或真實本性。

正是在這個基礎上，勇氣與自我肯定的關係得到了闡釋。斯賓諾莎使用了 fortitudo 和 animositas 這兩個術語來指稱勇氣。fortitudo 是指靈魂的力量（就像經院哲學的用法一樣），是靈魂如其本質所是的存有力量。animositas 源自拉丁語的 anima（靈魂），是個人整體行動意義上的勇氣，其定義如下：「所謂勇氣，是指每個人僅基於理性的命令，努力保持自身存有的欲望。」這個定義導致另一個等同，即勇氣等同於整體的美德。但斯賓諾莎將 animositas 和 generositas 區分開來，後者是為謀求友情與支持而加入他人之中的欲望。

勇氣概念的這種二元性（涵蓋一切的勇氣和有限度的勇氣），與我們前面提過的整個勇氣概念的發展是相對應的。在斯賓諾莎嚴密而一貫的哲學體系裡，這是個異乎尋常的事實，代表了決定勇氣學說內容的兩種認知動機：「普遍性的存有論動機」和「特殊性的倫理學動機」。

這對於其中一個最棘手的倫理學難題——「自我肯定和對他人之愛的關係」的問題，有著非常重要的影響。斯賓諾莎認為後者是隱含在前者裡。由於美德和自我肯定的能力等同，又由於「寬宏大度」（generosity）是一種以仁愛感情對待他人的行為，因此在理論上，自我肯定和愛沒有衝突可言。

當然，這是預設了自我肯定不但有別於具有負面道德品質的「自私」，還站在了這種自私的對立面。自我肯定在存有論上，是與抵觸一己本質的情感所帶來的「存有的縮減」（reducing of being）相對立。佛洛姆（Erich Fromm）充分論證過真正的自愛和真正的愛人是相互加強的，而自私和輕慢他人也是如此。斯賓諾莎的自我肯定學說，則同時包含了真正的自愛和真正的愛人（儘管他並沒有使用「自愛」一詞，而我自己在使用時也頗感猶豫不決）。

***

斯賓諾莎主張，自我肯定就是參與到神的自我肯定中：「個體事物（人當然也在內）藉以保存其存有的力量，就是上帝的力量。」靈魂對上帝力量的參與是透過知識和愛。如果靈魂「從永恆的觀點」（sub aeternitatis specie）認識自己，它就認識到自己在上帝中的存有。這種對上帝的知識和對自己在上帝中的存有的知識，是至福的原因，也因此造就朝向這種至福之因的圓滿之愛。這種愛是精神性的，因為它是永恆的，也就不從屬那些與肉體生命相關的激情。它是對上帝的無限精神之愛的參與，上帝就是憑著無限精神之愛諦觀自己和愛自己，而透過對自身的愛，上帝也愛著屬於祂的人類。

這些論述回答了兩個「與勇氣性質有關，但過去一直沒有得到答案」的問題。它們解釋了為什麼自我肯定是每個存有的本質性質，也因此是最高的善。圓滿的自我肯定，不是起源於個體存有的孤立行為，而是對普遍的或神的自我肯定行為的參與，每個個別行為的存有力量就是由此獲得。在此觀念中，勇氣的存有論獲得了根本的表述。

它也回答了第二個問題，也就是克服欲望和焦慮的力量從何而來。斯多噶主義對此沒有做出回答。斯賓諾莎出於猶太神祕主義，用「參與」的概念回答了這個問題。他知道一種感情只能被另一種感情征服，那唯一能戰勝激情的感情是心靈的情感，是靈魂對其永恆根基的精神或理性之愛。這種情感是靈魂參與到上帝自愛中的表述。「存在的勇氣」之所以可能，是因為它「參與」到存有自身的自我肯定中。

然而，不管是斯多噶主義還是斯賓諾莎，仍有一個問題有待回答。斯賓諾莎在《倫理學》的結尾提出這個問題。他詢問，何以他所昭示的救贖（salus）之途幾乎被所有人忽視？他在全書的最後一句話中，用神傷的口吻訴說：「就像一切高貴事物一樣，救贖之道是艱難的，也因此很少人遵循。」這是斯多噶主義的回答，但這不是為了救贖，而是為了絕情棄欲。

4 勇氣與生命：尼采

從存有論的角度來看，我們所使用的詮釋性概念「自我肯定」和斯賓諾莎的「自我保存」概念，都存在一個嚴重的問題：倘若「存有自身」（在無機界或無限實體）沒有一個自我，則自我肯定又意味什麼？

如果認為勇氣不可能被實在界的大片領域和所有實在的本質具有，這不是就否定了勇氣的存有論特性嗎？難道勇氣不只是一種人類品格，而是只有透過不恰當的類比才能勉強賦予給其他高等動物嗎？難道這不是決定了我們對於勇氣，只能採取倫理學的理解而不是存有論的理解嗎？

在這樣論證的時候，我們不應該忘了，人們也曾以相同的論證反對人類思想史上大部分的形上學概念。世界靈魂、微宇宙、本能和權力意志等概念，全都被指控將主體性引入了客觀的事物領域。但這種指控是錯誤的，誤解了存有論概念的意義。這些存有論概念的功能，不是用日常經驗的主體或客體去描述實在界的存有論性質，而是用某些經驗領域指出「存有自身」的特徵。但「存有自身」存在於主體性和客體性之間，也因此無法用主體或客體的語言去充分描述。

存有論是用類比的方式表達——存有做為存有，超越了主體和客體。但為了從認知上接近它，我們必須同時運用主體和客體的語言，而我們之所以能夠這樣做，是因為主體和客體都是根植於超越它們的事物，即根植於「存有自身」。正是基於這種思考，我們必須對存有論概念加以詮釋，必須以類比的方式而不是照字面理解。這不是說它們可以任意被創造或輕易被其他概念取代。對這些概念的選擇關乎經驗和思想，並受制於它們是否具有充分的標準。同樣的道理，也適用於「自我保存」或「自我肯定」這類的概念（如果我們是在存有論的意義下理解它們），勇氣概念亦如是。

「自我保存」和「自我肯定」兩者的邏輯中，都隱含對威脅或否定自我的「事物」的克服。儘管斯多噶主義或新斯多噶主義都以這個「事物」為前提，卻都沒有對它做出過說明。斯賓諾莎甚至無法在他的體系框架裡，解釋這種負面成分，因為如果一切都是從永恆實體的本性中必然發生，那就不可能存在一個存有能夠威脅另一存有的自我保存。每一事物將會如其所是的存在，因此自我保存不過是對事物自身簡單同一性的誇張說法。

但這斷然不是斯賓諾莎的看法。他談到了一種真實的威脅，指出按照他的經驗，大部分的人都受制於這種威脅。他談到了conatus（努力追求），也談到了potentia（自我實現的力量）。這兩個字眼雖然不能照字面來理解，但也不能被認為是空洞無物。我們必須視之為類比。

＊＊＊

自柏拉圖和亞里斯多德以來，力量的概念就在存有論思想中扮演重要角色。像萊布尼茲提出的「動力」（dynamics）、「潛力」（potentia）等用來說明存有真正性質的概念，為尼采的「權力意志」開闢了道路。從奧古斯丁和鄧・斯各脫（Duns Scotus）到波默（Boehme）、謝林（Schelling）和叔本華（Schopenhauer），用於說明終極實在的「意志」一詞也是如此。尼采的「權力意志」概念統一了這兩個概念，並且必須從存有論的意義去理解。

我們甚至可以弔詭的說，尼采的「權力意志」既無關心理學意義的意志，亦無關社會學意義的權力。它所指的是對生命做為生命的自我肯定，包括了自我保存和生長。所以意志並不是追求它本來沒有的東西，不是追求身外之物，而是在保存和超越自我的雙重意義下追求自身。這是它的力量所在，也是它超越自身力量的所在。權力意志是「做為終極實在的意志」所做的自我肯定。

尼采是我們所謂「生命哲學」中最讓人動容且最深刻有力的代表。這個詞語中的「生命」表示一種過程，在這種過程中，存有的力量得以自我實現。不過，在實現的過程中，它需要克服生命內部的否定力量，也就是我們稱之為與權力意志相對抗的意志。在《查拉圖斯特拉如是說》（*Zarathustra*）的〈死亡的說教者〉一章，尼采談到了生命被誘惑去接受對自身否定的各種方式：「他們遇到一個病人、一個老人，或者一具死屍，他們立即就說：『生命被駁斥了！』但被駁斥的只是他們自己和他們的眼睛，因為他們的眼睛所看到的只是生存的一面。」

生命具有很多面向，它是具有歧義性的。對生命的歧義性，尼采在斷片式著作

《權力意志》的最後一個斷片中有最典型的描繪。勇氣就是不理會這種歧義性，而去肯定生命的生命力；反觀因為生命的負面性而去否定生命，則成為懦弱的表現。在這個基礎上，尼采提出了一套預言和一套勇氣哲學，用以對抗他眼中即將來臨的生命平庸和頹廢時期。

就像較早期的哲學家那樣，尼采在《查拉圖斯特拉如是說》中認為「戰士」（有別於一般的軍人）是勇氣的傑出典範。「你們問：『何謂善？』勇敢便是善。」善也者，就是不孜孜以求長壽，不孜孜苟求免於一死，而這一切正是出於對生命的熱愛。戰士之死和壯夫之亡，不應被視為大地的譴責，而是生命的光榮。自我肯定乃是一種對生命的肯定，同時也是對屬於「生命的死亡」的肯定。

***

就像斯賓諾莎一樣，美德對尼采來說就是自我肯定。在〈有道德的人〉一章裡，尼采寫道：「你們的美德就是你們最珍愛的自我。你們的內部有著繞圈圈的渴望：你們走的每一圈都是為了力圖到達自己。」這一比喻比任何定義都更好的描繪出自我肯定在生命哲學中的意義。

自我擁有自己，但它又力圖到達自己。在這裡，斯賓諾莎所說的 conatus（努力追求）成為了動態，因為尼采正以一種動態的方式復興了斯賓諾莎的思想：他用「生命」取代了斯賓諾莎所說的「實體」。這話不只適用於尼采，還適用於大部分的生命哲學家。

尼采認為，美德的真理在於「自我就在美德之中」，而「並非一外在之物」。「把你們的自我放在行為中，就像母親在孩子中那樣：讓這成為你們談美德的公式吧！」如果勇氣是對一己的自我肯定，那勇氣就是美德的全部。這種自我肯定是美德和勇氣的那種自我，也就是超越了自身的自我：「『生命』親自把這個祕密告訴了我，她說：『聽著，我就是那必須永遠超越自己者。』」透過強調這句話，尼采試圖為生命的本質下定義。他接著說：「生命犧牲自己是為了追求權力！」這話顯示，他認為自我肯定包含了自我否定，但不是為了否定而否定，而是為了追求最大可能的肯定，為了得到他所謂的權力。

生命會創造並熱愛自己所創造的物事，但不久後它必須起而反對自己的創造物：「我的意志要我如此。」所以，稱之為「生存意志」或「生命意志」都是錯的，而應稱之為「權力意志」，即追求得到更多生命的意志。

願意超越自己的生命是一種好的生命，而好的生命就是勇氣的生命。勇氣的生命兼具「強而有力的靈魂」和「強健的肉體」，而對這種生命的自我肯定就是美德。這樣的靈魂摒棄一切怯懦的東西，並宣稱所謂的「壞」就是指怯懦。但為了到達這種高貴的境界，人必須去服從和去主宰，並在主宰的時候服從。這種包括在主宰裡的服從絕對不是屈從。屈從是懦弱的表現，不敢拿自己去冒險。屈從的自我是對立於自我肯定的自我，即使是對上帝的屈從也是如此。它想要逃避傷害別人的痛苦和被傷害的痛苦。相反的，服從的自我是會主宰自己的自我，並敢於「拿自己去冒險」。

在主宰自己的時候，自我同時變成了自己的法官和受害者。它根據生命的法則（自我超越的法則）主宰自己。主宰自己的意志是創造性意志，它會從生命的碎片和謎團中建構一個整體；它不回顧過去，且矗立於問心有愧之上；它拒絕「復仇的精神」（這個精神是自我譴責和罪疚意識的核心性質）；它超越和解；因為它是權力意志。透過這樣的行動，勇敢的自我就與生命本身及其祕密統一了起來。

＊＊＊

我們可以用以下的引文來總結我們對尼采的勇氣存有論討論：「你們有勇氣嗎，我的兄弟們？……不是在眾目睽睽下的勇氣，而是那種連上帝也不敢正視的那種隱士的勇氣、鷹的勇氣……真正勇敢的人乃是知道恐懼卻能征服恐懼的人，他們看到深淵卻能昂然傲視。那個以鷹隼之眼打量深淵的人，那以鷹隼利爪把握住深淵的人，才是具有勇氣的人。」

這番話透露出尼采的另一面——成為一個存在主義者的那一面。他有勇氣在完全的孤單中俯視「非存有」的深淵，接受「上帝已死」的訊息。我們在後文中將進一步探討這一方面。至此，我們必須結束這段歷史考察，這段考察的目的不是為了呈現一部勇氣概念史，而是有著另外的雙重目的。一方面是設法顯示從柏拉圖的《凱拉斯篇》到尼采的《查拉圖斯特拉如是說》的西方思想史中，勇氣的存有論問題一再吸引具創造性的哲學關注，這部分是因為勇氣的倫理學特性離開了它存有論的特性後，就會變得無法理解，部分是因為對勇氣的體驗，被證明是接近實在（reality）的關鍵途徑。而在另一方面，我們的歷史考察也是為系統性處理勇氣的問題提供概念材料，特別是指出「自我肯定」這個存有論概念的基本特徵，以及其各種不同的解釋。

一張表，看懂思想史上四種勇氣概念

勇氣的概念在西方思想史上經歷了深刻的變化，從柏拉圖的靈魂結構，到斯多噶主義的理性克制，經由斯賓諾莎的自我肯定，再到尼采的權力意志，每個時代都賦予勇氣不同的存有論與倫理學內涵。以下是四個主要思想的勇氣差異：

思想家	核心觀點	本質
柏拉圖—阿奎那	勇氣來自理性與信仰，為正義與美德奮戰	一種倫理美德，與道德、社會正義和信仰相連
斯多噶主義	勇氣是理性自制，超然接受命運與死亡	對命運與苦難的冷靜接受，專注自身可控制範圍，保持內心平靜
斯賓諾莎	勇氣是自我肯定，透過理性理解本質	透過理性掌控自身，追求自由與完善
尼采	勇氣是權力意志，是超越自身的生命肯定	生命的最高表現，是不斷挑戰與創造

第二章

存有、非存有與焦慮

“焦慮，是一個存在者意識到自己有可能不存在的狀態。”

隨著人類對「非存有」的理解不斷深化，
焦慮做為對「非存有」的感知，始終貫穿其中。
本章將一邊剖析恐懼與焦慮的差異，
一邊探討它們如何影響我們對命運、死亡、意義與道德的理解，
最終指向勇氣如何成為承擔這種實有性威脅的關鍵力量。

1 一種焦慮的存有論

非存有的意義

勇氣是一種具有「不理會」性質的自我肯定：它不理會那些阻止一己進行自我肯定的東西。不同於斯多噶主義和新斯多噶主義的勇氣學說，「生命哲學」嚴肅且肯定的看待與勇氣相對立的部分。因為，如果「存有」被詮釋為生命、過程或生成（becoming）的話，那麼「非存有」在存有論的地位就和「存有」一樣基本。承認這個事實，並不代表要做出「存有」優於「非存有」的判斷，而是要求在存有論的基礎上思考「非存有」。在談到勇氣做為解釋「存有自身」的一把鑰匙時，我們可以說，當這把鑰匙打開存有的門時，也就同時找到了存有、對存有的否定和兩者的統一。

「非存有」是最困難和受到最多討論的概念之一。巴曼尼德斯（Parmenides）設法消滅這個概念，但要這樣做，就必須犧牲生命的概念。德莫克里特（Democritus）重新確立了這個概念，把「非存有」等同於虛空空間，為的是讓運動（動態變化）成為可以思議的事情；柏拉圖常常使用「非存有」的概念，因為少了它，實有（existence）和純粹本質的對比就會變得完全不可理解；「非存有」隱含在亞里斯多德對質料（matter，或稱物質）與形式（form）所做的區分中；對普洛丁（Plotinus）來說，「非存有」是用來描述人類靈魂喪失自我的手段；而對奧古斯丁來說，「非存有」是用來對人類罪孽做出存有論解釋的手段。

對於亞略巴古的偽丟尼修（Pseudo-Dionysius the Areopagite，編按：亞略巴古的丟尼修，原為生活於西元一世紀的雅典亞略巴古城的法官。但在歐洲中古世紀，出現數本神祕主義著作署名為亞略巴古的丟尼修，但經過考證，這些作品是來自西元六世紀，故加上「偽」字），「非存有」成為了他關於上帝的神祕主義學說的原則。新教神祕主義者與生命哲學家波默（Jakob Böhme）說：「萬事萬物都扎根於肯定和否定之中。」在萊布尼茲（Leibniz）的有限性和罪惡學說中，以及康德（Kant）在分析範疇形式的有限性中，也都蘊含著「非存有」的觀念。黑格爾（Hegel）的辯證法，讓否定成為了自然和歷史發展的動力；而自謝林和叔本華起，生命哲學家就把「意志」用做基本存有論的範疇，因為「意志」能夠否定自己而又不失去自己。在柏格森（Bergson）和懷海德（Whitehead）這樣的哲學家中，過程與生成的概念不僅代表「存有」，也同樣代表「非存有」。晚近的存在主義者，特別是海德格和沙特，則把「非存有」放在他們存有論思想的核心；而別爾嘉耶夫（Berdyaev）這位丟尼修與波默的追隨者，則發展出一套「非存有」的存有論，用以解釋上帝與人身上的那種「超本體的」（meontic 編按：超越存有的根源，代表著「無限可能性」）自由。

這些運用「非存有」概念的哲學方式，其背景可以視為對萬物存在之短暫，以及對人類靈魂和歷史妖魔（demonic）力量的宗教體驗。在《聖經》傳統的宗教中，儘管有創世的教義存在，但這些否定性的力量仍然占有一種決定性的地位。妖魔的、反神聖的原則參與到上帝的力量中，出現在《聖經》故事中惹人注目的位置。

有鑑於此，一些邏輯學家否認「非存有」具有概念性，竭力把它（否定判斷除外）從哲學舞臺上驅逐出去之舉就沒有什麼意義了。因為問題在於：否定判斷這一事實，昭示了存有的什麼特徵？否定判斷的存有論條件是什麼？否定判斷在其中得以成立的那個領域是如何構成的？顯然，「非存有」不是一個一般的概念。它是對所有概念的否定，然而「非存有」又是思想無法逃避的內容，而且正如思想史所顯示的，它是僅次於「存有自身」最重要的概念。

如果問「非存有」是如何與「存有自身」聯繫在一起，那麼我們只能用比喻的方式回答：存有同時「擁抱」自身和非存有。存有在其自身之內就包含著非存有，而這種非存有會在神聖生命的過程中永恆出現且永恆被存有克服。凡不是只有死沉沉同一性的東西，莫不是以運動和生成變化為基礎，且是一種活生生的創造性。它創造性的肯定自己，永恆不斷的克服著自己的非存有。如此一來，它就成為每一個有限存有的自我肯定模式和「存在的勇氣」的泉源。

***

勇氣通常被形容為心靈克服恐懼的力量。恐懼（fear）的意義看似一目了然、不值得探究。但在過去二十年間，深層心理學（Depth Psychology，編按：一個心理學流派，探討潛意識與無意識的深層心理結構，精神分析是其中一環）和存在主義哲學的合作帶來了對恐懼和焦慮（anxiety）的嚴格區分，也為這兩個概念帶來更精確的定義。目前的社會學分析指出，焦慮是一個重要的群體現象；文學和藝術無論在內容還是風格上，都把焦慮做為一個重要主題。這樣的影響至少喚醒了知識階層對他們自己焦慮的注意，而且讓焦慮的觀念和象徵滲透到大眾的意識中。今天，把我們的時代稱為「焦慮時代」幾乎成了老生常談。無論是美國或歐洲都是如此。

然而，勇氣的存有論必然包含焦慮的存有論，因為兩者是彼此相依的。我們可以相信，在勇氣存有論的燭照下，可以窺見焦慮的某些根本方面。關於焦慮的第一個斷言是：焦慮是一個存在者意識到自己有可能不存在的狀態。用更簡短的話來說就是：焦慮乃是對非存有的實有性知覺。這句話中的「實有性」，意指導致焦慮的不是有關非存有的抽象知識，而是知覺到非存有乃是一個人存有的一部分。產生焦慮的，不是一種對萬物短暫的了悟，也不是對他人之死的體驗，而是這些事件觸發我們對自己不得不死的這一潛在意識。焦慮是有限性的，被體驗為人自己的有限性。這是人之為人的自然焦慮，在某種意義上也是所有生物的自然焦慮。那是對非存有的焦慮，也就是對人的有限性的意識。

恐懼與焦慮的相生

焦慮和恐懼有著相同的存有論根源，但實際上又不是相同的東西。這本是眾所周知的道理，但兩者的相同性一直被過度強調，以致如果我們提出不同的說法（包含應消除其誇大其詞的部分），兩者有別的事實就會被抹殺。恐懼與焦慮的不同處，正如許多著作者所同意，在於恐懼有一個具體的對象，該對象可以被面對、被分析、被攻擊和被忍受。

人可以對這個對象採取行動，並在採取行動的過程中參與到它其中（即便這個參與是用鬥爭的方式）。以這種方式，人就可以將恐懼的對象納入他的自我肯定中。勇氣能夠迎戰每一個恐懼的對象，這是因為那是一種人可以參與其中的對象。勇氣可以把具體對象所產生的恐懼納入自身，因為無論這對象是何等可怕，它都與人有一個交接面，透過這個交接面，它參與到我們之中，而我們也參與到它之中。大可以說，只要有恐懼的「對象」存在，那麼在參與的意義上，愛就可以征服它。

但焦慮卻不是這樣，因為焦慮並無確定的對象。或者用一句弔詭的話來說，焦慮的對象就是對每一個對象的否定。因此，想要參與它、與之鬥爭或愛它都是不可能的。處於焦慮中的人（只要其焦慮是一種純粹的焦慮），其他人是愛莫能助的。這種焦慮中的無可奈何，在人和動物身上都可以觀察得到，表現為失去方向感、反應不當和缺乏「意向性」（intentionality），也就是存有無法與有意義的知識內容或意志發生關聯。會出現這種讓人錯愕的狀況，是因為沒有一個可供主體（焦慮狀態的主體）聚焦的對象。唯一的對象是威脅本身而不是威脅的泉源，因為威脅的泉源是「空無」（nothingness）。

我們可能會問：這個威脅的「空無」是否是一種未知的、未確定的實際威脅？當一個已知的恐懼對象出現的那一時刻，焦慮不就終止了嗎？這樣一來，焦慮就是對未知之物的恐懼。但這種解釋是不充分的，因為有許多未知事物的領域（它們對每個主體各不相同）都不會引起主體焦慮。只有某種特殊種類的未知事物才會讓人產生焦慮，那是就其本性來說是不可能被認知的未知事物，因為它是「非存有」。

＊＊＊

恐懼和焦慮有別，但又不可分割，它們互相涵蓋對方。恐懼的痛是焦慮，焦慮則努力追求成為恐懼。恐懼總是害怕某個物事，例如：害怕痛苦、害怕被別人或某群體排拒、害怕失去某物或某人、害怕死亡的來臨。然而，在參與到由這些東西所帶來的威脅時，讓主體害怕的不是它們本身的否定性，而是對這些否定性可能包含的東西的焦慮。一個顯著的例子是，對死亡的恐懼（勝於其他任何例子）。就其做為一種「恐懼」而言，恐懼的對象是親自參與事件，如因預期自己會因疾病或意外致死，從而遭受劇痛和失去一切；就其做為一種「焦慮」而言，焦慮的對象是對「死後」情況的絕對未知，是「非存在」（這種非存在，即使可以被我們當下經驗的種種意象所充滿，依舊是非存在）。

讓哈姆雷特產生「存在還是不存在」（To be, or not to be.）獨白的夢境之所以可怕，並不是因為它們的外顯內容，而是因為它們對於空無（用宗教術語來說就是

「永恆死亡」）的威脅所具有的象徵力量。但丁所創造的地獄象徵之所以令人產生焦慮，並不是因為這些象徵的具體形象，而是因為它們表現了在罪疚（guilt）的焦慮中所體驗到的「空無」的力量。《地獄篇》中所描寫的每一種情況，都是建立在參與和愛的基礎上的勇氣可以應付的。然而，它們其實是不可應付，因為它們並不是真實的情景，只是一些象徵：象徵著無對象（objectless）和非存有。

對死亡的恐懼，決定了在每一種恐懼中的焦慮成分。焦慮如果沒有被對某一對象的恐懼所修改，那就是一種純粹焦慮，也是對終極非存有的焦慮。換句話說，焦慮就是無法應付特殊處境的威脅所產生的痛苦感覺。但更仔細的分析顯示，在對任何特殊處境的焦慮中，都隱含著人類處境的焦慮。這是人對潛在不能保持一己存有的焦慮，這種焦慮蟄伏在每一種恐懼中，並成為恐懼所包含的可怕成分。因此，在「純粹的焦慮」攫住心靈的那一刻，先前引起恐懼的對象就不再是明確的對象了。這些對象會顯現為它們以往在某種程度上一直所是的東西：也就是人的基本焦慮的徵候。做為這樣的對象，甚至連最勇敢的攻擊也對之無能為力。

這種情形迫使焦慮的主體去確立恐懼的對象。焦慮力求變成恐懼，因為恐懼可以用勇氣應付。對於一個有限的存在物來說，是不可能忍受純粹的焦慮超過一剎那的時間。那些經驗過這種時刻的人（例如有過「靈魂暗夜」的神祕主義者、因魔鬼的攻擊而備感絕望的路德，或經驗「大厭惡」〔great disgust〕時的尼采—查拉圖斯特拉），都曾談到過這種焦慮難以想像的恐怖。人們一般會透過把焦慮轉化為對某事物的恐懼（不管任何事物），來迴避這種恐怖。

正如喀爾文所說，人類的心靈不只是不斷製造偶像的工廠，還是不斷製造恐懼的工廠。前者的目的是逃避上帝，後者的目的是逃避焦慮。這兩者逃避之間是緊密相關的，因為直面真正的上帝，也就意味著直面非存有的絕對威脅。這個「純粹的絕對」（引用路德的說法）會產生「純粹的焦慮」，因為它是對每一種有限的自我肯定的滅絕，而且也不是恐懼或勇氣的一個可能對象（參見第五和第六章）。然而，把焦慮轉化為恐懼的努力，最終是徒勞的。基本的焦慮（有限存在物對於非存有威脅的焦慮）是不可能被消滅的。這種焦慮屬於生命本身。

2 焦慮的類型

焦慮的三種類型與人的本性

「非存有」有賴於它要加以否定的「存有」。「有賴於」一詞有兩層涵義。首先，它指出「存有」對於「非存有」有著存有論上的優越性。「非存有」這個詞本身就表明了這點，這是一種邏輯的必然性。因為如果不是先有要被否定的肯定，那就不會有否定的出現。我們當然可以用「非—非存有」（non-nonbeing）來指稱「存有」，並透過讓人驚訝的前理性事實來佐證這種做法有理：世界上總是有些什麼而非一無所有。我們可以說「存有是對空無的原始之夜（primordial night）的否定」。但這樣說的時候，我們必須了解這種原初的空無既非無物又非有物，只是在與某物相對照之後才成為無物。換言之，「非存有」做為「非存有」的存有論地位是有賴於「存有」。

其次，會說「非存有」有賴於「存有」，是因為「非存有」有賴於「存有」的特殊性質。「非存有」本身並沒有性質，也沒有性質的差異。但它在與「存有」發生的關係中獲得了這兩者。存有之否定的性質取決於被其否定的「存有」。這讓我們有可能談及「非存有的性質」，也因此能談及焦慮的類型。

到目前為止，我們籠統的使用了「非存有」這個字眼，而在討論勇氣的時候，我們提到了幾種自我肯定的形式。這些形式與焦慮的不同形式相對應，而且只有在這種相對應中方能被了解。

我建議，根據「非存有」威脅「存有」的三種方式，來將焦慮劃分為三種類型。首先，非存有會威脅人在存有層面的（ontic）自我肯定，在相對上是用「命運」來威脅，絕對上是用「死亡」來威脅。其次，非存有會威脅人在精神層面的（spiritual）自我肯定，相對上是用「空虛」來威脅，絕對上是用「無意義感」來威脅。第三，非存有會威脅人在道德層面的（moral）自我肯定，相對上是用「罪疚」來威脅，絕對上是用「天譴」（condemnation）來威脅。

對這三重威脅的認識，便是以三種形式的焦慮來體現：對命運與死亡的焦慮（簡言之是對死亡的焦慮）；對空虛和無意義感的焦慮（簡言之是對無意義感的焦慮）；對罪疚和天譴的焦慮（簡言之是對天譴的焦慮）。這三種焦慮都是實有性的（existential），也就是說它們是根植於生命本身，而不是像精神官能性焦慮（neuroyic anxiety）或精神病性焦慮（psychotic aniexty）屬於不正常的心靈狀態。精神官能性焦慮的性質及其與實有性焦慮的關係，將另章討論。現在我們要處理的是三種形式的實有性焦慮，首先是處理它們在個體生命中的實在性，然後是處理它們在西方歷史特殊階段的社會展現。

然而，必須特別指出的是，三種類型的焦慮並不是互相排斥。例如在第一章中，我們看過古代斯多噶主義者展現的「存在的勇氣」，不只征服了對死亡的恐懼，還征服了無意義感的威脅；在尼采，我們雖然看到無意義感的威脅鋪天蓋地，但對死亡和天譴的焦慮卻受到強烈的挑戰；在所有古典基督教的代表人物身上，死亡和罪疚都被視為魔鬼的盟友，是信仰的勇氣所必須抗爭的對手。這三種類型的焦慮（還有勇氣）都是內含於彼此，但通常又以其中一者占有主宰地位。

對命運與死亡的焦慮

命運和死亡，是「非存有」用來威脅我們在存有層面的（ontic）自我肯定的方法。ontic 一詞衍生自希臘文的 on-being（在「存有」之上的），在此意指一個存在者在其單純的存在中的基本自我肯定（而 onto-logical 是指「存有論的」，是對存有的性質做哲學分析）。對命運和死亡的焦慮是最基本、最普遍和最無可逃避的焦慮。所有想透過論證消滅它們的努力都是徒勞。即便能證明「靈魂不朽」的論證真的具有論證力（其實並不具有），但它們一樣不能讓人發自由衷的信服，因為每個人都在內心深處知道，生物性死亡會帶來自我的灰飛煙滅。

心靈發自本能的懂得存有論所提出的道理：自我和世界的對應是實在界的基本結構，當對應中的世界消失，自我也會消失，剩下來的只是它們的共同基礎．而不是它們的結構性對應關係。歷來的觀察顯示，對死亡的焦慮會隨著個體化的增強而增強，因此，集體主義文化中的人則較少被這一類型的焦慮所侵襲。

這個觀察是正確的，但若因此認為集體主義文化中沒有基本的死亡焦慮，那就錯了。集體主義文化和個體化文化之所以有這種差異，原因在於集體主義所專屬、特有的勇氣，只要一日不動搖，就可以減輕對死亡的焦慮。但這種勇氣必須透過無數內部和外部的（心理和儀式的）活動和象徵創造出來，此一事實意味著集體主義也有基本焦慮需要去克服。要不是這些社會至少潛在存在著對死亡的焦慮，我們將無法理解為何會有戰爭或刑法，法律或強大敵人的威脅就不會起作用——而事實顯然並非如此。在每一種文化中，人做為人是因為焦慮的意識到「非存有」的威脅，都需要勇氣去不理會威脅而肯定自己的存有。

＊＊＊

對死亡的焦慮，是對命運的焦慮賴以作用的永恆背景。這是因為，對人在存有層面的自我肯定造成威脅的，除了死亡的絕對威脅，還有命運的相對威脅。死亡的威脅籠罩著所有具體的焦慮，給予它們終極的嚴肅性。然而這些具體的焦慮畢竟具有某種獨立性，其影響通常也比對死亡的焦慮直接得多。用來指稱這一大類焦慮的「命運」一詞，想強調的是它們的一個共同因素：它們的偶然性、不可預見性，以及不可能從其中發現意義和目的。我們可以用我們的經驗來描述這個因素。

例如，我們可以指出我們的時間性存在（temporal being）的偶然性，即指出我們是生存在這一時刻而非其他時刻，所以我們是出生於一個偶然時刻，也是死於一個偶然時刻，期間充滿了在質和量上都是偶然的諸多經驗。

我們也可以指出我們的空間性存在（spatial being）的偶然性（我們發現我們身處此處而不是他處，而此處雖然熟悉卻又陌生），指出我們自己和我們賴以觀察世界的那個地點的偶然性；指出我們望向的實在界（即我們的世界）的偶然性質。兩者可以是不同的，這就是空間的偶然性，而這個偶然性讓我們對我們的空間性存在感到焦慮。

我們也可以指出因果關係的偶然性，指出我們只是這個因果關係的一環，無論過去還是現在，變幻無常都是來自我們的世界和隱藏在我們自我深處的力量。偶然性並不意味不受因果制約，而只是表示決定我們存在的原因沒有終極的必然性。它們是既成事實，不能按邏輯推導出來。我們被偶然的擲入整個因果關係的網絡中。我們在每一時刻都偶然的被這些關係所決定，並在最後一刻被它們拋出。

命運是偶然性的法則，而對命運的焦慮是出於有限的存在者認識到，自己在每一方面的偶然性和缺乏終極必然性。命運通常被等同於無法避免的因果決定性意義上的必然性。然而，讓命運變成焦慮對象的不是因果必然性，而是它缺乏的終極必然性的非理性和它不可穿透的黑暗。

當非存有威脅人在存有層面的自我肯定時，以死亡來威脅是絕對的威脅，以命運來威脅是相對的威脅。但相對的威脅之所以是一個威脅，是因為有絕對威脅做為其背景。沒有死亡在背後，命運不能產生無可逃避的焦慮。死亡不僅是在一個人被拋出存在的最後時刻，而且在其存在的每一刻，它都站在命運及其偶然性的背後。甚至在沒有死亡直接威脅的地方，「非存有」也無處不在，並產生焦慮。

當我們體驗到我們是與所有事物一起從過去驅往未來、期間每一刻都轉瞬即逝時，「非存有」就站在這一體驗的背後。它就站在我們的社會存在和個人存在的不安全、無家可歸狀態的背後。它就站在虛弱、疾病和意外事故的背後，也就是對我們身心中存有力量攻擊的後方。命運在這些形式中實現自己，而對非存有的焦慮則透過這些形式緊緊的抓住我們。我們設法把焦慮轉化為恐懼，勇敢對抗著體現威脅的對象。我們部分取得成功，但我們不知怎的意識到，帶來焦慮的不是我們與之鬥爭的那些對象，而是人類處境本身。問題也由此而來：究竟有沒有一種存在的勇氣，它不理會「對人在存有層面的自我肯定的威脅」仍然堅持做出自我肯定？

對空虛與無意義感的焦慮

非存有威脅的是人的整體，因此除了會威脅在存有層面的自我肯定，還會威脅在精神層面的自我肯定。精神層面的自我肯定，發生創造性的生活在各種意義領域中的每一時刻。這裡的「創造性」一詞，並不是指天才的原創性活動，而是指人自發的生活在對其文化生活內容所起的行動和反應中。

要具有精神層面的創造性，一個人不必是有創造力的藝術家、科學家或政治家，但他必須能夠有意義的參與到這些人的原創性活動。這種參與只要能改變（那怕只是些微改變）其所參與的物事，就是創造性的。一個顯著的例子是，創造性詩人或作家與直接或間接接受他們影響並自發性回應的讀者，他們彼此相互依賴所產生的語言的創造性改變。

創造性的「生活在意義中」的每一個人，會以這些意義的參與者身分來肯定自己。他因為他創造性的接受和改變了現實而肯定自己；他因為參與精神生活並熱愛這生活的內容而熱愛自己。他愛它們，是因為它們是他的自我實現，也是因為它們是透過他而得到實現。科學家愛他們發現的真理，又愛發現這些真理的他們自己。他們發現的內容讓他們心滿意足。這就是所謂的「精神層面的自我肯定」。即使一個人並未發現什麼，而只是參與發現之中，同樣也是一種精神層面的自我肯定。

這種經驗預設精神生活受到認真看待，把精神生活視為一種「終極關懷」（人最終關切的東西）。而這又預設了，「終極實在」只會在精神生活中出現並透過精神生活展現出來。如果在精神生活中沒有經驗到「終極實在」，那就是因為精神層面的自我肯定受到了非存有的「空虛和無意義感」的攻擊。

我們用「無意義感」一詞，來指非存有對精神層面的自我肯定的絕對威脅；用「空虛」來指相對威脅。它們不是等同的，正如前面提及的死亡的威脅和命運的威脅並不等同。就像變幻莫測的命運背後佇立著死亡，空虛背後也佇立著無意義感。

對無意義感的焦慮，是對失去「終極關懷」的焦慮，也就是失去可以賦予所有意義之源的焦慮。這種焦慮起因於失去精神重心，由對失去「存在的意義為何」這個問題的解答所引起（不管這個答案原本是多麼的象徵性和間接）。

對空虛的焦慮，則是起因於非存有對精神生活特殊內容的威脅。例如，一個信念因為外部事件或內部過程而崩塌：一個人被切斷對某一文化領域的創造性參與，他感到自己在曾熱情肯定的事情上遭受了挫折，他發現自己奉獻生命的對象不停的變換，因為每一個對象的意義先後消失了。創造性的厄洛斯（eros，愛神）已經變形為冷漠和反感。

一切都嘗試過了，沒有事情可以帶來滿足。傳統的東西，不管一度曾經多麼優秀、多麼受讚美和多麼受愛戴，都已失去了能讓「今天」感到滿意的力量，而目前的文化甚至更加不能提供這種滿足。於是，人便焦灼的從所有具體內容中抽身而去，改為尋求一種終極的意義，這才發現從精神生活的特殊內容中取消意義的，正是精神重心的喪失。然而，精神重心又不是想要便可以打造。結果，想要打造精神重心的企圖只帶來了更深的焦慮。對空虛的焦慮把我們驅往了無意義感的深淵。

空虛和意義感的喪失，是非存有威脅精神生活的表現。這種威脅隱含在人的有限性中，並由人的「疏離」來實現。我們可用「懷疑」來描述這種威脅，而這種威脅的創造性功能和破壞性功能，還可用人的精神生活來加以描述。人之所以能發問，是因為他既分離於又參與到他所發問的事情中。在每一個問題中，都隱含懷疑的成分，隱含著「無所有」（not having）的意識。

在系統性的發問中（例如：在笛卡兒式的發問中），系統性懷疑是有效的。懷疑這個成分，是所有精神生活的條件。對精神生活構成威脅的不是做為一個成分的懷疑，而是對全面的懷疑。如果「無所有」的意識吞噬了「有所有」的意識，懷疑就不再是一種方法論的疑惑，而是變成了生存上的絕望。在走向這一絕望的時候，精神生活會盡可能的依附在還未被破壞的肯定物上，藉此竭力維持自己的存在，無論這些肯定物是傳統、自主的信念還是情感上的偏好。然而，如果無法消除這種懷疑，那麼人就得勇敢的接受它，同時堅守自己的信念，主動承擔起誤入歧途的風險及其帶來的焦慮。透過這種方式，人得以避免陷入極端處境（直到極端處境無可避免，並對真理徹底絕望的時刻來臨）。

＊＊＊

如此一來，人就會設法找別的出路；「懷疑」是建立在人和現實整體的分離、對普遍參與的缺乏，以及自我的孤立上。所以他會設法打破這種處境，去認同某種超越個體的東西，放棄他的人我分離性和自我中心（self-relatedness）。他逃離為自己發問和回答的自由，進入一種沒有進一步問題可問的處境，而對他先前問題的答案，也是由一個外在的權威加諸於他。

為了避開發問和懷疑的風險，他放棄了發問和懷疑的權利。他捨棄了自己，為了能夠拯救他的精神生活。他「逃避自由」（引用佛洛姆的說法），以便能逃離對無意義感的焦慮。現在他不再孤單，不再處於懷疑中，也不再絕望。透過「參與」，他參與和肯定了他的精神生活的內容。意義得到了拯救，但自我卻被犧牲了。由於克服懷疑是一種犧牲，即對「自我的自由」的犧牲，這犧牲在重新獲得的確定性上留下了烙印：狂熱的專斷（self-assertiveness）。

「狂熱」是精神層面對自我犧牲的對應，透過不成比例的暴力來攻擊反對者

（他們透過他們的反對，顯示出狂熱者本人的精神生活中必須壓抑的元素），表現出它本被認為理應已克服的焦慮。因為狂熱者必須在自己身上壓抑這些元素，使得他也會在別人身上壓抑它們。他的焦慮驅使他去迫害反對者。狂熱者的弱點在於，他所反對的那些人對他有一種祕密的控制，而他和他所屬的團體最終會受制於這個弱點。

動搖與挖空觀念體系和價值體系的，並不總是個人的懷疑，也有可能是以下的事實致之：這些觀念體系和價值體系，不再被理解為具有表達人類處境或回答人類存在問題的原初力量（基督教的教義象徵體系即為如此）；又或者是因為這些觀念體系和價值體系現階段的實際情況，已大大不同於這些精神內容在其被創造出來的那些時期，以致於失去了意義、需要進行新的創造（工業革命之前的藝術表現即為如此）。在這些情況下，精神內容會有一個緩慢的耗損過程，它最初不為人所注意，但發展到一定程度卻使人驟感震驚，最後產生出對無意義感的焦慮。

儘管必須把存有層面和精神層面的自我肯定區分開來，但它們又是不可相離。人的存有，包含他與意義的關係。只有根據意義和價值來對實在（包括人的世界和人自身）加以理解和塑造，人才成為其人。甚至在最原始人類的最原始表現中，人的存有也是一種精神性的存有。在「第一句」有意義的句子出現時，就業已潛藏著人類精神生活的全部豐富性。

因此，對人的精神存有的威脅，就是對他整個存有的威脅。這個事實的最有力表現，在於人寧可丟棄生命，也不願面對空虛和無意義感帶來的絕望。死亡本能不是存有層面的現象，而是精神層面的現象。佛洛伊德把永不停息和永不滿足的「力比多」對無意義感的這種反應，等同於人的本質。但這種反應只是人在生命上的自我疏離，以及精神生活解體為無意義感的一種表述。另一方面，如果存有層面的自我肯定受到「非存有」的弱化，精神的漠然和空虛就可能會隨之而來，由此產生否定存有層面和精神層面的惡性循環。也就是說，非存有的威脅來自存有層面和精神層面兩個方面：假如它威脅其中一個方面，那它同樣也會對另一方面造成威脅。

對罪疚與天譴的焦慮

「非存有」還會從第三個方面構成威脅：威脅人在道德層面的（moral）的自我肯定。人的存在，無論是存有層面的還是精神層面的，不僅僅是被給予他的，同時也是對他的要求。他必須對之負責。用比喻的方法來說，就是如果有人問他，他就有責任回答他把自己造成了什麼樣子。那向他提問的人就是他的法官，但也是他的敵人，更是他自己。這種情形所產生的焦慮：相對而言是對「罪疚」的焦慮，絕對而言是對「自我拒斥或天譴」的焦慮。

人在本質上擁有「有限的自由」——不是那種不受任何東西決定的自由，而是能夠透過他在其存有中心所做的抉擇來決定他是誰的自由。人，做為有限的自由，在其有限的偶然性範圍內是自由的。但在這些限制之內，他被要求去把自己塑造成應該成為的那種人，去完成他的命定使命。在道德層面上自我肯定的每一行為中，人都在對完成自己的命定使命做著貢獻，都在對實現自己的潛能做著貢獻。用哲學或神學的詞彙對這種自我實現的性質做出描述，便是倫理學的工作。

但是，無論形成了怎麼樣的規範，人都有反其道而行的力量，都有否定自己本質性存有的力量，都有放棄自己命定使命的力量。在人與自己疏離的情況下，這便成為了一種現實。甚至在人自認為最好的行為中，「非存有」已經在場，並妨礙該行為的完美實現。善惡之間有一種深刻的模糊性，滲透到人所做的每一件事情中，因為它能滲透到人的個人存有本身。

「非存有」和「存有」共存在人的道德層面的自我肯定，一如它們共存在人的精神層面和存有層面的自我肯定。對這種模糊性的意識，就是罪疚的感覺。既是一己又是與一己對立的那位法官（或稱「良知」，他「知道」我們所做過的一切並做出否定的判決），會使我們體驗到罪疚。對罪疚的焦慮，一如對存有層面和精神層面的非存有焦慮一樣，表現出相同的複雜特徵。這種焦慮出現在道德自覺的每一時刻，有可能將我們驅往完全的自我拒斥、遭受天譴的情感中——不是讓我們遭受外部的懲罰，而是讓我們陷入失去我們命定使命的絕望中。

＊＊＊

為了避免落入這種極端處境，人會設法把對罪疚的焦慮轉化為道德行為，不管這些道德行為有多不完善和多模糊不清。他勇敢的把非存有納入他在道德層面的自我肯定中。根據一個人處境中所包含的悲劇成分和個人成分的二元性，這種納入可以有兩種方式：第一種是建立在命運的偶然性上，第二種是建立在自由的責任上。第一種方式，會導致蔑視否定的判決，以及忽視對基於這些判決的道德要求；第二種方式，會導致道德上的嚴苛和由此而來的自滿。這兩種方式，通常被分別稱為道德失範（anomism）和律法主義（legalism）。在這兩種情況中，對罪疚的焦慮都蟄伏在背後並一再跳躍至台前，進而產生出道德絕望的極端處境。

我們必須將道德層面的「非存有」，與存有層面和精神層面的「非存有」相區分，但它們又是不可相離。對它們其中一者的焦慮，往往是涵蓋在另一者的焦慮中。保羅的名言「罪乃死之毒鉤」，指出了對罪疚的焦慮其實正內含於對死亡的恐懼中。命運和死亡的威脅總是喚醒和增強罪疚的意識。道德層面非存有的威脅，會在存有層面的非存有的威脅中被經驗到。命運的偶然性得到了道德的解釋：命運之所以會攻擊（甚至摧毀）在道德上被拒斥的人的存有層面基礎，是要藉此方式來執行否定的道德裁決。焦慮的這兩種形式互相刺激，互相促進。

同樣的，精神層面的非存有和道德層面的非存有也是相生的。對道德規範的服從（也就是對一己本質的服從），消除了極度的空虛和無意義感。如果精神內容失去了它們的力量，則道德人格的自我肯定就是一條重新發現意義的途徑。光是義務的召喚就能使人免於空虛，而道德意識的瓦解，則是精神層面非存有發動攻擊時不可抵抗的基礎。另一方面，透過把每一條道德原則與道德層面的自我肯定所具有的意義，一起扔進懷疑主義的深淵，實有性懷疑（existential doubt）就能動搖道德層面的自我肯定。在這個情況下，懷疑會被感受為罪疚，而罪疚也同時會被懷疑所動搖。

絕望的意義

焦慮的三種類型相互交織，其中一種類型會賦予焦慮狀態主要的色調，但這三種類型全都會為焦慮狀態著色。這三種類型和它們潛在的結合都是「實有性」的，也就是說它們都隱含在人之為人的存在、人的有限性和人的疏離中。它們在絕望的處境中得到實現，而絕望的處境是三者共同促成。絕望是一種「終極的」或「邊緣的」處境。人無法跨越這種處境。它的性質由「絕望」一詞的字面意義指明：沒有希望。絕望中沒有通向未來的道路。

非存有被感受為絕對的勝利者。但非存有的勝利卻有一個局限性：那就是非存有雖然被感受為勝利者，但這個感受卻預設著存有。足夠的存有被用來感受非存有的不可抗拒力量，而這就是絕望中的絕望。絕望的痛苦在於一個存在物意識到，自己因為非存有的力量而無法自我肯定。因此，存在物會想要放棄這一知覺及其預設：放棄那有意識的存有。它想擺脫自身卻又做不到。於是，絕望以加倍的形式出現，以此做為逃出絕望的窮途末路嘗試。

如果焦慮僅僅是對命運和死亡的焦慮，那麼自願的死亡就會是擺脫絕望的出路。這樣，所要求的勇氣就會是「不去存在」的勇氣（courage not to be）。存有層面自我肯定的最後形式，就會成為存有層面自我否定的行為。

但是絕望也是對罪疚和天譴的絕望。它是無法逃避的，哪怕是運用存有層面的自我否定亦復如此。就像斯多噶主義者那樣，自殺可以讓人擺脫對命運和死亡的焦慮；但同時也像基督徒的那樣，了解到自殺無法讓人擺脫對罪疚和天譴的焦慮。

這是一種高度弔詭的陳述，其弔詭性不亞於道德領域和存有層面的矛盾關係。但這也是一個合乎事實的陳述，可以透過曾經充分體驗過「天譴的絕望」的人證實。用存有層面的語言，即用「靈魂不朽」之類的想像，是不可能表達天譴這種無可逃避的性質。這是因為，每一句存有層面的陳述都必須使用有限性的範疇，而「靈魂不朽」是有限性的無盡延伸，也是「天譴的絕望」的無盡延伸（這是一個矛盾的概念，因為 finis 意謂「結束」，是 finitude〔有限性〕的字根）。

因此，這種經驗，也就是自殺無法逃避罪疚的經驗，必須從道德要求的質的性質和它拒斥的量的性質來了解。罪疚和天譴是質上的無限，而非量上的無限。它們無限沉重，所以無法被存有層面的自我否定所消除。這讓絕望走投無路，同時無路可逃。絕望是「沒有出口」（引用沙特的說法）。對空虛和無意義感的焦慮，同時參與到絕望的存有層面和道德層面成分。

但只要這種焦慮是有限性的一種表現，它就可以被存有層面的自我否定消除。

這就驅使極端的懷疑主義走向自殺。只要把自殺看成道德分崩離析的後果，就會產生出絕望中道德層面成分的相同弔詭性：自殺沒有存有層面上的出口。這讓空虛和無意義感中的自殺趨勢遭到挫敗。人們意識到自殺的徒勞無功。

考慮到絕望的這一性質，那就能理解以下事實：整個人生都可以被詮釋為避免絕望所做的持續努力。這種努力大多數時候獲得了極大的成功。極端處境不是經常可以碰到，而有些人大概永遠不會碰到。分析這種極端處境的目的不是要記錄普通的人類經驗，而是要顯示極端的可能性，藉此了解普通的處境。我們並不總是意識到我們必有一死的事實，但我們經驗自己必有一死的那些時刻，卻可讓我們對我們的整個人生有完全不同的體會。同樣的，具有絕望性質的焦慮也不經常出現，然而正是這種稀有的情形，才決定了我們對於做為整體生命的詮釋。

3 焦慮的歷史分期

我們對焦慮三種類型的區分，得到西方文明史的支持。我們發現，在古代文明之末是存有層面的焦慮占主導地位，在中世紀之末則是道德層面的焦慮，而在近代之末是精神層面的焦慮。但無論以哪一類型的焦慮為主，其他兩類同樣都存在著並發揮著作用。

對於古代晚期和這個時期對命運和死亡的焦慮，我們在分析斯多噶式勇氣時已經談得夠多了。這時期的社會背景是眾所周知：帝國與帝國劍拔弩張；亞歷山大大帝征服東方，及其繼承者之間的戰爭；羅馬共和國對西方和東方的征服，凱撒和奧古斯都把羅馬從共和國轉變為帝國；奧古斯都之後的羅馬皇帝的獨裁；獨立城邦和民族國家的被摧毀；先前建立的貴族—民主社會結構的解體；個人感覺自己完全由大自然力量和當權者擺布。凡此種種引起了人們的巨大焦慮，讓他們千方百計想要找出勇氣去面對命運和死亡的威脅。

與此同時，對空虛和無意義感的焦慮，又讓很多人（特別是受過高等教育的階級）難以為這樣的勇氣覓得基礎。古代的懷疑主義從其開端「智者派」（Sophists）開始，便結合了學術和實存的兩種因素。古代晚期的懷疑主義對正確思考和正確行動的可能性感到了絕望。它驅使有些人走入沙漠，因為在那裡進行決斷（理論思考和實務的決斷）的需要減低到了最低程度。但大部分經驗到空虛和無意義感的人，都設法用一種鄙視精神層面自我肯定的態度來對待它們。然而，他們卻無法用懷疑主義的傲慢來掩蓋他們的焦慮。

在那些舉行贖罪和淨化儀式的神祕主義膜拜團體中，對罪疚和天譴的焦慮依然在起作用。這些團體的成分相當不確定，大部分甚至容許奴隸加入。然而，正如整個非猶太人的古代世界一樣，他們更多是體驗到悲劇性的罪疚而不是個人的罪疚。罪疚是物質世界或妖魔力量對靈魂的汙染。因此，在對命運和死亡的焦慮的支配下，對罪疚的焦慮就像對空虛的焦慮那樣，只扮演一個次要角色。

＊＊＊

猶太教—基督教的傳播改變了這種狀況。它帶來的衝擊是那麼的巨大，以致於到了中世紀末期，對罪疚和天譴的焦慮已經占據決定性地位。如果有哪一個時代堪稱「焦慮的年代」，那就非十六世紀宗教改革前和宗教改革時期莫屬。對天譴的焦慮體現在對「上帝之怒」的念茲在茲。這種焦慮受到地獄和煉獄的圖像所強化，驅使中世紀晚期的人使用各種方法去緩解焦慮：到聖地朝聖（像是到羅馬去）；厲行禁欲苦行（有時甚至達極端地步）；參拜聖物（聖物常常被大量收集起來）；接受教會的懲罰和渴望赦罪；大量參與彌撒和贖罪典禮，增加祈禱和布施。總之，他們會不停的問：我要如何才能平息上帝之怒？我要怎樣才能得到神恩？怎樣才能讓罪得到寬恕。

這種主導的焦慮形式也包含著另外兩種焦慮。人格化的死亡形象出現在繪畫、詩歌和佈道中，但死亡總是和罪疚同在。在這個充滿焦慮想像的時期中，死亡和魔鬼結為盟友。對命運的焦慮也隨著古代晚期的到來而捲土重來。「幸運女神」福爾圖娜（Fortuna）在文藝復興藝術中，成為了人們偏愛的一個象徵。甚至宗教改革家們也未能從對占星術的信仰與恐懼中解脫出來。人們對命運的焦慮因其對妖魔力量的恐懼而得到強化。他們相信妖魔力量會直接起作用，或是透過其他人類引起疾病、死亡和各種災難。同時命運還超出死亡的界限，延伸到煉獄的前終極狀態和地獄或天國的終極狀態。終極命運的黑暗難以被驅散，甚至連宗教改革家們也無法驅散這種黑暗，這從他們的救恩預定論（predestination，譯注：喀爾文主張，哪些人類會得救贖是上帝造人前便決定，非信仰虔誠或行善可以改變）可見一斑。在這些表述中，對命運的焦慮都做為一個成分，出現在無所不在對罪疚的焦慮中，也出現在對天譴的威脅的永恆意識中。

中世紀末不是一個懷疑的時期，對空虛和意義上的焦慮只出現過兩次，但兩次都相當重大且對未來影響深遠。一次是文藝復興時期，當時理論性的懷疑主義復活了，意義的問題折磨著那些最敏感的心靈。在米開朗基羅的先知和預言家中（譯注：指米開朗基羅在西斯汀教堂繪畫的先知和預言家壁畫）、在莎士比亞的《哈姆雷特》中，都隱含著對無意義感的焦慮。另一次出現在路德經驗到魔鬼攻擊之時：這些攻擊既不是道德意義上的誘惑，也不是對於天譴感到的絕望，而是他對自己的工作和神啟信念的消失，是意義的蕩然無存。這種關於靈魂的「沙漠體驗」或「暗夜體驗」，也經常發生在神祕主義者中。然而，必須強調的是，在所有這些情形中，對罪疚的焦慮一直居於主導地位，只有到了做為西方社會宗教基礎的人文主義和啟蒙運動取得勝利之後，對精神層面的非存有焦慮才成為主導趨勢。

要辨認對罪疚的焦慮在中世紀末期興起的社會原因並不困難。大體而言，我們可以說原因就是，受宗教指導的中世紀文化這個保護性統一體的瓦解。更細緻的說，則是因為大城市中受過教育的中間階級的興起。這些人設法把曾經僅僅是一種客觀性的教義和聖禮體系，納入他們自己的體驗中。然而在這樣的嘗試中，他們被迫與他們依舊承認其權威的教會，發生了或隱或顯的衝突。此外我們還應該著眼於君主和他們的官僚—軍事機構的政治權力的集中。這種權力集中消滅了封建制度中那些較低階級者的獨立性。我們還必須著眼國家專制主義，它把城鄉的廣大民眾變成為臣民——他們唯一的義務是工作和服從，沒有任何權力可以反抗獨裁統治者的專橫。我們也必須著眼於早期資本主義有關的經濟災難，例如：從新大陸進口黃金和剝奪農民的土地等。在所有這些被經常提到的變遷中，讓對罪疚的焦慮占主導地位的最主要因素，則是所有社會團體出現的獨立傾向和專制集權的興起之間的衝突。這個時期的社會、政治和精神的專制主義，部分塑造了宗教改革中的上帝形象（非理性、發號司令和絕對），而這個上帝的形象反過來所創造出的焦慮，又部分的表現了中世紀解體時的基本社會衝突所產生的那種焦慮。

***

專制主義的崩潰、自由主義與民主的發展、技術文明的興起（這種文明戰勝了所有敵對力量，也戰勝了自身剛開始的解體）：這些因素是焦慮的第三個主要時期的社會學前提。這個時期占主導地位的是，對空虛和無意義感的焦慮。我們受到了精神層面非存有的威脅——道德層面和存有層面的非存有的威脅當然繼續存在，但它們不再是獨立的，也不起控制作用。這一時期對於本書所提的問題是如此重要，以致有必要對它做較前兩個時期更為詳盡的分析，而這種分析又必須與建設性的解決辦法（見第五章和第六章）相聯繫。

饒富興味的是，焦慮的三個主要時期都是出現在某個時代的末尾。焦慮以不同的形式，潛在的存在於每個個體身上，而如果意義、權力、信仰和秩序的慣常結構解體，它們便會一躍而出，成為普遍的東西。這些結構只要還有效力，就能夠透過「參與」（participation）行為，把焦慮限制在勇氣的保護性體系之內。參與到這種體系的慣例中並採取相應生活方式的個體，並沒有從他個人的焦慮中解脫出來，但他卻擁有眾所周知的方法來克服這些焦慮。但在社會急劇變動的時期，這些方法不再奏效。

新舊之間的衝突（「舊」設法維持自身，而「新」設法奪去「舊」的固有力量），在各個方面產生出焦慮。在這樣的情況下，非存有便具有了雙重臉孔，就像夢魘的兩種類型那樣（夢魘本身或許就是雙重臉孔的意識）。一種類型的焦慮是對毀滅性的「侷促」（narrowness）的焦慮，即對無路可逃和陷入陷阱的焦慮。另一種是對毀滅性的「敞開」（openness）的焦慮，即對墜入無限和無形空間的焦慮（這類空間讓人墜入其中又無處著地）。上述的這兩種夢魘，社會處境也有一樣的雙重特徵，一方面是沒有出口的陷阱，一方面是空洞、黑暗和未知的虛空。同一現實所具有的這兩副臉孔，在每一個凝視它們的人那裡產生出潛在的焦慮。今天，我們中的大多數人都在凝視這兩副臉孔。

一張表，了解「實有性焦慮」

「實有性焦慮」是指人類因意識到自身的有限性、死亡、無意義感和道德責任而產生的根本焦慮。這種焦慮不同於一般的恐懼，因為它沒有具體的對象，而是對「非存有」的深層感知，以下為三種類型：

類型	歷史分期與主導	基本概念	影響	勇氣的對應方式
對命運與死亡的焦慮	**古代晚期：**戰亂與社會動盪，個體無法掌控命運	擔心生命無法掌控，害怕突如其來的意外或死亡	促使人們尋找方法來對抗命運的不確定性，如哲學、宗教或精神修行	**存有層面的勇氣：**接受死亡為生命的一部分，以哲學或信仰賦予意義
對罪疚與天譴的焦慮	**中世紀末期：**宗教影響深遠，人們擔憂違背道德與信仰標準	擔心做錯事，無法滿足道德標準，害怕受到懲罰或天譴	人們極度重視道德行為，但也可能帶來過度的罪惡感，甚至導致極端的禁欲主義或宗教狂熱	**道德層面的勇氣：**承認人的有限，不可能完全避免錯誤，但可以負責任的行動與自我接納來克服罪疚
對空虛與無意義感的焦慮	**近代末期：**科技、理性崛起，傳統信仰動搖	害怕生活沒有意義、內心空虛，對過去信仰或價值觀的崩解感到迷失，無法確定人生方向	人們容易陷入消極、迷茫，甚至可能轉向極端思想或狂熱信仰，以填補內心的空白	**精神層面的勇氣：**透過創造性參與（如藝術、科學、社會行動）建立個人價值，並發展內在信仰或人生使命

第三章

病態焦慮、生命力與勇氣

“那些未能勇敢的把焦慮承擔起來的人，會遁入病態焦慮以避免絕望的極端處境。”

病態焦慮源於對非存有的逃避，
使人陷入受限的自我肯定，甚至導致病態的精神官能症。
宗教與醫學由此各自提供解方，醫學試圖消除焦慮，
宗教則賦予超越焦慮的意義，但都不夠全面。
唯有運用帶有生命力的勇氣，將焦慮納入自身，在恐懼與自我肯定間取得平衡，
才能超越虛假的安全與確定性，邁向真正的自由與創造。

1 病態焦慮的性質

我們已經討論了隨著人的生命本身，同時出現的三種「實有性焦慮」的類型。至於「非實有性焦慮」，它在人的生命中只是偶然事件，我們只是附帶的提及過。現在讓我們來對它們做一番系統性的探討。關於焦慮與勇氣的存有論（如在本書論述的那種），自是無法提供一種精神官能性焦慮（nourotic anxiety，也稱為神經質焦慮）的精神治療理論。

今日有很多理論受到討論，而一些主要的精神治療家，特別是佛洛伊德本人，也已經做出不同的詮釋。然而所有這些理論都有一個共通之處：焦慮是一種意識，是對人格中結構成分之間尚未解決的衝突的意識，例如：無意識衝動和壓抑性規範之間的衝突；設法支配人格中心的各種驅力之間的衝突；想像世界和真實世界的經驗之間的衝突；對偉大與完美的追求與對自身渺小和不完美的體驗之間的衝突；渴望被他人、社會或宇宙接受和被排拒的經驗之間的衝突；存在的意志（will to be）和存在似乎難以忍受的重負（激起了或隱或顯活不下去的欲望）之間的衝突。所有這些衝突（無論是無意識、潛意識或有意識的，無論是不被承認或受到承認的），都會讓人在焦慮的突發時刻或持續階段感受到。

人們通常以為，在對焦慮的這些解釋中會有一個基本的解釋。從心理學的角度而不是從文化的角度去探求這種基本焦慮，是由實務性和理論性的精神分析家進行。然而在大部分的這些嘗試中，似乎缺乏一個區分基本焦慮與衍生焦慮的標準。每一種解釋所指向的，是實際的症狀和基本的結構。但由於觀察到的材料是各式各樣的，要把其中一部分拔高到中心地位的做法通常並無說服力。精神治療的焦慮理論之所以陷入困境（儘管精神分析理論不乏卓越的洞見），還有另一個理由，那就是未能對實有性焦慮和病態焦慮做出清晰的區分。這種區分不可能從深層心理的分析單獨得到，那是存有論的工作。只有從存有論角度理解了人類本性，心理學與社會學所提供的那些材料，才能被組織為一個一貫且完備的焦慮理論。

病態焦慮是實有性焦慮在特殊條件之下的狀態。這些條件的總體性質有賴焦慮與自我肯定和勇氣的關係。我們已經指出，焦慮傾向於變成恐懼，以便得使勇氣獲得可以應付的對象。勇氣並不會消除焦慮，既然焦慮具實有性質，它就無法被消除。但勇氣卻把對非存有的焦慮納入自身之中。勇氣是具有「不理會」性質的自我肯定。所謂「不理會」是指它不顧非存有的威脅。有勇氣的人在他的自我肯定中，會把對非存有的焦慮承擔起來。「納入」和「承擔」是含有隱喻的詞語，它們所指向的，是做為自我肯定整體結構中一個成分的焦慮，這種成分讓自我肯定獲得了「不理會」的性質，把它轉化為勇氣。焦慮會讓我們勇敢起來，因為唯一的替代選項是絕望。勇氣透過把焦慮納入自身，進而抵抗絕望。

　　這一分析為理解病態焦慮提供了鑰匙。那些未能勇敢的把焦慮承擔起來的人，會靠遁入精神官能症（Neurosis，編按：是一系列如焦慮、憂鬱、緊張、害怕、不安等精神狀況的總稱，腦部沒有實質損傷，但運作方式發生異常的功能性心理障礙）以避免絕望的極端處境。這種人仍然在肯定自己，但只在有限的程度上這樣做。精神官能症是一種透過迴避存有來迴避非存有的途徑。在精神官能症的狀態下並不缺乏自我肯定，自我肯定的情形反倒十分有力和突出。但這樣被肯定的自我是一種萎縮了的自我，它的部分與許多潛能不被容許實現。因為實現存有意味著接受了非存有和對它的焦慮。那些未能不理會對非存有的焦慮而做出強大自我肯定的人，註定要被逼入到一種孱弱的、萎縮的自我肯定之中去。他所肯定的，是比他的本質和潛能更少的東西。他捨棄了一部分潛能以保存剩下的那些，這種結構解釋了精神官能症的不確定性。

精神官能症患者比一般人對非存有的威脅要更敏感。又由於非存有可以打開存有的奧祕（見第六章），那他可能會比一般人更有創造性。他的自我肯定的有限延展可以被更高的強度所平衡。但這種強度是縮減到一個特殊的點後所形成，也是和現實整體保持一種扭曲關係的強度。

即便病態焦慮具有精神疾病的特徵，創造性的瞬間仍然可能出現。這在那些具有創造性的人物傳記中有著大量的例證。正如《新約》中那些附魔者所顯示，那些遠在常人之下的人是有可能得到眾人（甚至耶穌的門徒）都不可能得到的頓悟：他們看見耶穌時產生的強烈焦慮，讓他們在耶穌傳道生涯的最初階段就能看出他是彌賽亞。人類文化史一次又一次證明了，精神官能性焦慮可以穿破尋常自我肯定的高牆，把通常隱藏起來的現實各個層次敞露出來。

＊＊＊

不過，這就促使我們思考一個問題：常人正常的自我肯定是否比精神官能症患者病態的自我肯定，更有局限性，因為病態的焦慮狀態和病態的自我肯定不是人的常態？人們常說每個人身上都有精神官能性的成分，病態心靈和健康心靈的差異只是一種程度上的差別。我們可以透過指出大部分疾病都具有心身症的性質，以及最健康的身體一定都包含著疾病的成分，來支持上述理論。在心身之間存在相互關聯的有效情況下，健康的心靈一樣存在疾病的成分。然而，精神官能症患者的心靈與平常人的心靈是否在概念上涇渭分明（儘管現實上存有很多過渡形式）呢？

精神官能症的人格和健康人格（儘管是潛在的精神官能症人格）的分別如下：精神官能症人格因為對非存有較為敏感，也因此其焦慮的程度更甚，進而落入一種固定但卻有限和不符合現實的自我肯定中。可以說，這種自我肯定是他退守的城堡，他會用各種心理手段來防禦城堡、抵抗攻擊，不管那是來自現實還是精神分析師的攻擊。這種抵抗有著若干發自本能的智慧。精神官能症患者意識到自己所處的處境十分危險，在這種處境中，他不符合現實的自我肯定坍塌了，又沒有其他符合現實的自我肯定能取而代之。他的危險在於他要麼跌落到另一個有更強防衛的精神官能症，要麼因為他有限的自我肯定的坍塌而墜入無限的絕望中。

常人的正常自我肯定與此相當不同，儘管這種自我肯定也是片面的。常人透過勇敢的處理恐懼的具體對象，讓自己遠離極端處境。他通常意識不到非存有和自己人格深處的焦慮。但他片面化的自我肯定尚未固定下來，不會鋪天蓋地的去防禦焦慮威脅。他比精神官能症患者有更多方向來調適他與現實的關係。他在廣度上要更勝一籌，但缺乏精神官能症患者的高度創造性。他的焦慮不會驅使他去建構想像世界，而是透過與自己遇到的現實部分的統一來肯定自己。與精神官能性患者相比比較健康的原因就在這裡。

精神官能症之所以是種疾病、需要治療，是因為患者發現自己與現實發生衝突。在這衝突中，他受到現實的傷害，現實持續的貫穿他的防禦城堡和城堡背後的想像世界。他那有限和固定的自我肯定，既使他免受一種難以忍受的焦慮的衝擊，又透過使他與現實對抗並產生出另一種難以忍受的焦慮攻擊來催毀他。病態焦慮雖然有創造性潛能，但畢竟是一種病態和危險，必須被納入既有強度又有廣度的「存在的勇氣」中來加以治療。

普通人的自我肯定，也可能會在某一時刻變成精神官能性質：當他已適應的現實發生變遷，威脅到他已習慣駕馭的恐懼對象的勇氣之時。如果這種事情發生（常發生在歷史的關鍵時期），自我肯定就會變成是病態性質。隨變遷而來的危險、行將來臨的事情的未知性質，還有未來的黑暗，讓常人變成為既定秩序的狂熱防衛者。他以強迫性衝動防衛這秩序，一如精神官能症患者防衛自己想像世界的城堡那樣。他會失去對現實的相對敞開性，體驗到深不可測的焦慮。一旦他不能夠把這種焦慮納入他的自我肯定中，他的焦慮就會轉變成為精神官能性的。

這解釋了群眾的精神官能性質，為什麼通常出現在一個時代結束之時（見第二章有關西方歷史上焦慮的三個時期的討論）。在這樣的歷史時期，實有性焦慮和精神官能性焦慮緊密交織在一起，以致於歷史學家和精神分析學家不可能把它們截然分開。例如，我們不知道蟄伏在禁欲主義底下對天譴的焦慮，是什麼時候變成病態的？對惡魔的焦慮，是精神官能性質還是精神疾病性質？今日的存在主義對人類困境的描述，有多少程度是由精神官能性焦慮所引起？

2 焦慮、醫學與宗教

這些問題促使人們去思考治療的方法，而在這件事情上，神學和醫學彼此競爭。醫學（特別是精神治療和精神分析）常常宣稱，治療焦慮是它的任務，因為它認為所有焦慮都是病態的。治療的目標在於將整個焦慮消除，因為焦慮是一種疾病，且大部分是心身症性疾病，只有少數是單純的心理疾病。所有形式的焦慮都可以治療，又因為焦慮並沒有存有論上的根源，所以並不存在實有性焦慮。結論就是：醫學的探究和幫助是通向「存在的勇氣」的途徑，醫學專業是唯一能治癒焦慮的專業。

儘管堅持這種極端立場的醫師和精神治療學家人數不斷減少，但從理論的角度看，這種觀點仍是重要的。它包含著一種使人性得到清晰說明的意圖，而不理會實證主義對存有論的抗拒。斷言焦慮總是病態的精神醫師，不能否認人性中「潛存著」疾病的可能性，而他也必須解釋人皆有之的有限性、懷疑和罪疚。他必須根據自己的假設解釋焦慮的普遍性。他不能迴避人性的問題，因為他不可能在他的臨床實踐中迴避健康與疾病的區別，同時，也不可能迴避實有性焦慮和病態焦慮的區別。這就是為什麼愈來愈多醫學的代表人物（特別是精神治療的代表人物），提出要跟哲學家和神學家合作的要求。這也是為什麼，透過這種合作而發展出來的「諮詢」，就像每一種致力於綜合性的嘗試一樣，對未來既重要又危險。

要完成其理論任務，醫療人員需要一種關於人的學說，但如果它不與那些以人為核心對象的學科進行持續合作，就不可能獲得人的學說。醫學這一專業是為了幫助人解決一些生存上的難題（這些難題通常被稱為疾病），但如果沒有其他專業（其目的是要幫助人成為人）的長久合作，醫學就無法給予人幫助。從許多方面來看，有關人的學說與給予人幫助這兩者，都是一個關乎合作的問題。只有以這種方式，我們方能去理解和實現人的存有力量，也就是他的本質性自我肯定——他的「存在的勇氣」。

***

神職人員與直接從事傳教的牧師也面臨著同樣問題。他們的所有教誨和實踐中，都預設了一種人的學說和一套存有論。這就是為什麼在神學史上的多數時期，神學都不理會神學家和大眾的頻繁抗議（這種抗議與經驗醫學對醫學哲學家的抗議是對應的），而求助於哲學。無論神學對哲學的逃避有多成功，這種逃避在人的學說上的不成功，卻是顯而易見。所以，在詮釋人的生命時，神學和醫學無可避免要與哲學攜手合作。而不管它們是否自覺到這一點，在它們與哲學攜手合作時，它們也彼此攜手合作。儘管它們對人的理解南轅北轍，但今天的神職人員和醫療人員都對這一情形以及其理論和實踐意涵有所覺察。

神學家和牧師殷切尋求與醫療人員合作，也帶來了很多臨時性或制度性的合作機會。然而，因為缺乏一套對焦慮的存有論分析，以及不知道要對實有性焦慮和病態焦慮做出嚴格區分，導致很多牧師和神學家（還有很多醫師和精神治療專家）難以合作。既然他們未能看出上述的區別，他們就不願意像對待身體疾病那樣對待精神官能性焦慮，即不將其視之為一個需要醫學幫助的對象。但是，如果有一個病態的固著在向有限自我肯定的人鼓吹終極勇氣，這種鼓吹要麼會遇到出於強而有力的反抗，要麼是（這是更糟糕的）被納入到自我防衛的城堡，做為迴避現實的另一件工具。

從合乎現實的自我肯定的觀點來看，很多對宗教召喚的熱烈反應，都必須被認為是可疑的。宗教所創造的許多勇氣，不過是渴望限制一己的存有和透過宗教的力量強化這種限制。即便宗教不會導致或不會直接支持病態的自我萎縮，它卻會削弱人對現實的敞開性，特別是削弱人對自身的敞開性。以這種方式，宗教就能保護和助長一種潛在的精神官能性狀態。牧師必須意識到這些危險的存在，並在與醫師和精神治療師的幫助下加以應付。

我們的存有論分析，可以提供一些原則供神學人員和醫學人員在合作處理焦慮時使用。基本原則是，三種主要形式的實有性焦慮，並不是醫師本身應該關切的，儘管他必須充分意識到它們的存在。反過來也是，所有形式的精神官能性焦慮，也並不是牧師本身所應該關切，儘管他必須充分意識到它們的存在。牧師提出有關存在的勇氣的問題，是要將實有性焦慮納入這種勇氣之中；醫師提出有關存在的勇氣的問題，則是為了消除精神官能性的焦慮。不過正如我們的存有論分析所表明的那樣，精神官能性的焦慮是沒有能力讓人承擔一己的實有性焦慮，所以牧師的功能既包含它自己又包含醫學的功能。

這兩種功能，不是絕對只為那些在專業上發揮該功能的人所專有。醫師（特別是精神治療專家）能夠隱含的把存在的勇氣與承擔實有性焦慮的力量傳達出來。他在這樣做的時候並沒有變成牧師，也永遠不應該設法取代牧師，但他可以變成終極自我肯定的一個幫手，也因此發揮牧師的功能；反過來說，牧師和任何人也可以成為一個醫學的幫手，他沒有變成醫師，也不必矢志成為一個具有醫師執照的牧師，而仍然可以對身心發揮治療作用，幫助消除精神官能性的焦慮。

＊＊＊

如果把這基本原則應用在三種主要的實有性焦慮上，就可以推導出其他原則。對命運和死亡的焦慮，產生出對安全的非病態追求。人類文明有很大一部分都是為了這個目的，為了保護人不受到命運和死亡的攻擊。人認識到不可能有絕對的安全，也認識到為了充分自我肯定之故，生命一再要求人要有放棄掉某些安全（甚至全部安全）的勇氣。儘管如此，他仍然設法把命運的力量和死亡的威脅盡可能減到最低。

反觀對命運和死亡的病態焦慮，卻驅使人去獲得一種類似坐牢狀態的安全。住在這種監獄裡的人，沒有能力離開由他的自我設限所給予他的安全。但這些限制不是建立在對現實的完全了解之上，因此精神官能症患者的安全是不符合現實的。他害怕那些他無需害怕的事情，在不安全的地方自覺安全。那些他沒有能力承擔的焦慮，產生出一些脫離現實的假象，但在他應該害怕的事物面前，這種焦慮卻消失了。換言之，他迴避特定的危險（儘管這些危險幾乎不是真實的），又去壓抑人必有一死的知覺（儘管那是一種永遠存在的現實）。「錯置的」恐懼是對命運和死亡的病態焦慮的自然後果。

同樣的結構也見於對罪疚和天譴的病態焦慮。對罪疚的恐懼和實有性焦慮，會驅使人嘗試不犯錯來避免這種焦慮（通常稱做「良心不安」）。道德的自律和習慣可以造就道德的完善，儘管人總是意識到，他是不可能擺脫人類存在處境所隱含的不完善。精神官能性焦慮也在做一樣的事，但卻是出於一種有限的、固定的和不符合現實的方式。在這種情況下，害怕罪疚的焦慮和害怕天譴的驚恐是那麼的強烈，以致他幾乎不敢做出任何決定和進行任何道德行動。但由於決定和行動是不可能完全避免的，所以它們會被削減到一個最低限度。當事人建立起防衛的範圍，打壓任何要超出這個範圍的挑釁。也就是在這裡，這種與現實的脫離也產生了罪疚意識錯置的後果。精神官能症患者的道德主義自我防衛心理，讓他在沒有罪疚的地方看見罪疚。然而，對真正罪疚的意識和自我譴責上，病態焦慮卻受到了壓抑，因為當事人缺少了把它們納入自身的勇氣。

對空虛和無意義感的病態焦慮，同樣顯示出類似特徵。對懷疑的實有性焦慮，驅使人去建造意義體系的確定性（certitude），這些意義體系是受到傳統和權威所支持的。儘管存在著包含在人的有限精神性中的懷疑成分，也儘管存在著包含人的疏離中無意義感的威脅，焦慮卻被產生和保存確定性的途徑所減弱了。精神官能性焦慮則建立了一座狹小的確定性城堡，這座城堡能夠得到防護，也有最頑強的防衛。

在這座城堡裡，人的發問能力受到阻礙，發揮不出來，而一旦受到外部發問的質疑，人就會用最狂熱的拒斥做為回應。然而這座不容置疑的確定性城堡，並不是建立在堅如磐石的現實之上。精神官能性患者沒有能力去充分正視現實，這就使得他的確定性和懷疑都不符合現實。他把兩者都擺錯了地方。他懷疑著幾乎無可懷疑的事，又確信值得懷疑的事。特別是，他不承認存在著具有普遍與根本意義的意義問題。意義問題就在他身上，一如處於實有性疏離處境中的每個人。但他卻不承認這一點，因為他沒有勇氣去承擔對空虛的焦慮或對懷疑和無意義感的焦慮。

對與實有性焦慮相關的病態焦慮所做的這種分析，讓我們得出幾條原則：一、實有性焦慮具有存有論性質，它不可能被消除，必須被納入存在的勇氣中。二、病態焦慮是自我未能承擔焦慮的後果。三、病態焦慮帶來了一種建立在有限、固定和不符合現實基礎上的自我肯定，並在這基礎上進行強迫性防衛。四、對命運與死亡的焦慮相關的病態焦慮，會產生不符合現實的安全感；對罪疚與天譴的焦慮相關的病態焦慮，會產生不符現實的完美感；對懷疑與無意義感相關的病態焦慮，會產生不符合現實的確定感。

病態焦慮一旦確診，就是醫藥治療的對象。實有性焦慮則通常是需要牧師幫助的對象。無論是醫學功能還是牧師功能，都不專屬於從事該專業的人；牧師也可以是個治療者，而精神治療專家也可以是個牧師，每個人都可能將這兩者兼於一身。但這些功能卻不應該被混淆，行使這些功能的人也不應試圖越俎代庖。兩者的目的都是要幫助人達到充分的自我肯定，以獲得存在的勇氣。

3 生命力與勇氣

焦慮和勇氣具有心身症的特徵。它們既是心理學性質又是生物學性質。從生物學的觀點來看，我們可以說恐懼和焦慮是守護者，防範著非存有對生物的威脅，並且對這種威脅做出抵抗。因此，我們必須把恐懼和焦慮視為「警戒中的自我肯定」（self-affirmation on its guard）的表現。

沒有預感性的恐懼和沒有強迫性的焦慮，會讓任何有限的存在物都無法生存。按照這種觀點，勇氣就是為了達到更充分的肯定性，毅然承擔由恐懼所預感到的否定性。生物學上的自我肯定隱含著對匱乏、辛勞、不安全、痛楚和可能遭受毀滅的接受。沒有這種自我肯定，生命就不可能得到保存或成長。一個存在物的生命力愈強，勇氣就愈能不理會由恐懼和焦慮發出的危險警告而肯定自身。然而，如果勇氣無視這些警告並貿然做出具有導致自我毀滅性質的行動，那就會與它的生物學功能相抵觸了。這就是亞里斯多德的勇氣說所揭示的真理：「勇氣是介於懦弱與蠻勇之間的『中道』。」生物學上的自我肯定需要在勇氣與恐懼之間取得平衡。這種平衡可見於所有那些能夠保存和增進自身存在的生物體身上。

要是恐懼的警告不再對生物體造成影響，或者這些警告對勇氣已經失去驅力，那生命就會消逝。前面提到對於安全、圓滿和確定性的追求驅力，是生物學上所必須，但如果因此而迴避了不安全、不完善和不確定的風險，這些驅力就會成為生物學上有害的東西。反之，那種在我們的自我與我們的世界中有著符合現實基礎的風險，則是生物學上所追求的，而如果沒有這種基礎，則會帶來自我毀滅的風險。

如此一來，生命就把恐懼和勇氣納入變動但本質上保持平衡的生命過程中。只要生命能具有這種平衡，它就能抗拒非存有。失去平衡的恐懼和失去平衡的勇氣，則會摧毀生命。因為，生命的保存和成長，是恐懼和勇氣的平衡所具有的功能。

凡是顯示這種平衡並與能同時顯示存有的力量（power of being）的生命過程，用生物學的術語來說，就是具有「生命力」。因此正確的勇氣就像正確的恐懼一樣，被視為是圓滿生命力的表現。「存在的勇氣」是生命力的一個函數，生命力的降低會帶來勇氣的降低，反之，生命力的增強則意味著存在的勇氣的增強。

患有精神官能症的個人和表現出精神官能症的歷史時期，則是缺乏生命力的表現。它們的生物學本質已經瓦解了，失去了充分自我肯定的力量，失去了存在的勇氣。無論這是否會發生，這都是生命過程的結果，是生命的命運。存在的勇氣被削弱的時期，也是個體和歷史上生物虛弱（biological weakness）的時期。進一步來說，失衡的焦慮的三個主要時期，就是生命力萎縮的時期，它們皆出現在一個時代的末尾，只有透過以強大生命力群體去取代生命力瓦解的群體，這些時期的焦慮才得以被克服。

＊＊＊

到目前為止，我們都只是在提出生物學的生命力論證，而沒有提出批評。現在，我們必須來檢討這一論證各個步驟的有效性。我們要問的第一個問題是：與恐懼和焦慮兩者的差異有關。恐懼是指向確定的對象，因此無疑具有生物學上的功能。它宣示非存有的威脅，促使我們採取自保和對抗措施。但我們必須問：焦慮也是如此嗎？我們的生命力論證主要是使用恐懼一詞，偶爾才會使用焦慮。這麼做是刻意的，因為從生物學的角度來說，焦慮的毀滅作用更甚於保護作用。恐懼會促使人採取對付恐懼對象的措施，焦慮卻做不到這一點，因為它是沒有對象的。生命之所以總是努力把焦慮轉化為恐懼，顯示出焦慮不具有生物學上的用途，也無法以保護生命的功能來解釋。它產生的是自我藐視的行為方式，因此焦慮就其本性而言並不符合生命力論證。

第二個問題，與生命力的概念有關。自從法西斯主義和納粹主義將對生命力的理論強化，並轉放在政治體系之後（這個體系以生命力之名攻擊西方世界的大多數價值觀），生命力的意義就成為了一個重要難題。

在柏拉圖的《拉凱斯篇》中，勇氣與生命力之間的關係，是出現在對動物是否具有勇氣的討論上。有好些理由看似有利於一個肯定的回答：動物把恐懼和勇氣的平衡保持得很好，牠們會接受來自恐懼的警告，但在某些特殊情況下又能不理會恐懼，為了屬於牠們的自我肯定的部分（比如為了後代或群體），而甘冒痛楚和死亡的危險。不過，柏拉圖卻不理會這些明顯的事實，認定動物沒有勇氣可言。他這樣做是很自然的，因為如果勇氣是關於應該避免做什麼和應該放膽做什麼的知識，勇氣就無法與做為理性存有的人類相分離。

生命力與由它賦予力量的生命體是相互關聯的。人的生命力不能被視為中世紀哲學家所說的「意向性」無關的東西，也就是不能視為與意義無關的東西。人的意向性有多大，他的生命力就有多強，兩者是相生的。這讓人成為了所有存在物中最有生命力的。他可以從任何方向超越任何被給定的處境（given situation），而這種可能性促使他去創造超越自身的自己。

生命力就是這樣一種力量，能創造超出自身的自己但又不會失去自己。一個存在物超出自身而創造的力量愈大，他的生命力就愈強。科技創造是人的生命力最矚目的表現，也表現出人的生命力比動物的生命力無限優越。唯有人擁有完整的生命力，因為唯有他擁有完整的意向性。

我們已把意向性定義為「指向有意義的內容」。人活在意義「之中」，也就是生活在邏輯上、美學上、倫理上和宗教上有效的東西「之中」。他的主體性中充盈著客體性。在與現實的每一接觸中，自我和世界都會呈現相互依存的結構。這個事實最基本的表現就是「語言」：語言給了人從具體給定的東西中進行抽象的能力，並讓人在進行抽象後能回到具體事物，對之進行詮釋和轉化。最有生命力的存在物，就是擁有語言文字和透過語言文字擺脫給定枷鎖的存在物。在與現實的每一接觸中，人都已經超越了這種接觸。他了解這個現實，他比較這個現實，他受其他的可能性所誘惑，他預見未來，一如他記住過去。這就是他的自由，他的生命力就是在這個自由中形成的。自由是人的生命力泉源。

＊＊＊

如果能夠正確理解生命力和意向性的對應關係，我們就可以在生物學解釋的有效性範圍內，接受對勇氣所做的生物學解釋。勇氣當然是生命力的一個函數，但生命力不是某種可以和人的整個存在、人的語言、人的創造性、人的精神生活、人的終極關懷等相分離的東西。把人的精神生活知性化的一個不幸後果就是，「精神」一詞的失落被「心靈」或「知性」取代，也就是存在於精神中的生命力成分被分離出來，被解釋為一種獨立的生物性力量。人被分成兩半，一半是沒有血氣的理智，一半是沒有意義的生命力。二者的中介聯繫——即生命力和意向性賴以統一起來的精神性靈魂——被丟棄了。這個發展讓化約性的自然主義，很容易光從一種生物性生命力就紬繹出自我肯定和勇氣。然而，人的身上沒有東西是純生物性，一如沒有東西是純精神性。他身上的每一個細胞都參與到他的自由和他的精神性，而他每個精神創造的行動都受到他的生命動力的滋養。

這種統一受到希臘人的 areté 概念的預設。areté 可以翻譯為「美德」，前提是要把美德的道德主義意涵除去。這個希臘詞語把力量（strength）和價值結合起來，也就是把「存有的力量」和「意義的實現」結合起來。areté 是較高價值的肩負者，而對人的 areté 的終極考驗就是看他是否準備好隨時為這些價值而犧牲。他的勇氣既表達了他的生命力，也表達了他的意向性。正是精神上的生命力讓他具有 areté。在這個詞語的背後，是古代世界的這個斷定：勇氣是高貴的。勇者的典範並不是自我虛耗的蠻族（他們的生命力還不是完全人化的生命力），而是受過教育的希臘人，後者因為理解存有的價值而懂得對非存有心生焦慮。

也許可以補充的是，拉丁文的 virtus 及其衍生詞（文藝復興時期義大利語的

virtu 和文藝復興時期英語的 virtue）都具有與 areté 相似的內涵。這些詞所指稱的是那些把雄性力量（masculine strength）和道德高尚相結合的品質。生命力和意向性被統一在這個人的完善理想中，而這個理想跟野蠻主義和道德主義毫不相關。

有鑑於這些考慮，我們可以指出，對生命力的生物學論證缺乏了古代稱為勇氣的東西。「生機論」（vitalism，編按：一種生命來源於生命力的論點，相信生命力在於生物體內存在一種無形的、超乎物理／化學定律之外的力量）因為把生命與意向性區分開來，所以必然會重新把蠻族確立為勇氣的典範。儘管人們這麼做是為了科學的利益，但它通常有違自然主義捍衛者的意願，表現出一種前人文主義的態度。如果這種態度被煽動的政治家利用的話，就會產生蠻族的勇氣理想（法西斯主義和納粹主義就是一個例子）。人身上的「純粹」生命力從來不會是真正純粹，而總是經過扭曲，因為人的生命力量，就是他的自由和讓生命力與意向性統一在一起的精神性。

然而，還有第三點需要我們對勇氣的生物學解釋加以評價。那就是生物學對於「存在的勇氣」源自何處的回答。對這個問題，生物學回答說：「勇氣源於做為天賦的生命力中，是一件和生物性命運有關的事。」這很類似古代世界和中世紀的答案，生物性命運和歷史性命運（即貴族處境）的結合，被認為有利於勇氣的成長。在這兩種情況下，勇氣都是一種可能性，這種可能性不依賴意志力或洞察力，而有賴一種先於行動的天賦。

早期希臘人的悲劇性觀點與現代自然主義的決定論觀點，在這件事情的看法一樣：不理會種種阻攔而自我肯定的力量（亦即存在的勇氣），是一件與命運有關的事。這並不禁止對勇氣做出道德評價，只是禁止對其做出道德主義式的評價。從宗教的立場上來說，勇氣是一件有關恩典（grace）的事情。就像常常發生在思想史上的那樣，自然主義開闢了對於恩典的新理解，而觀念論則妨礙這種理解。由此觀之，對生命力的生物學論證非常重要，必須嚴肅以待（特別需要倫理學的嚴肅以待），因為生命力的概念受到了政治生機論和生物生機論的扭曲。也就是說，在倫理學中生機論解釋的真理就是恩典，而做為恩典的勇氣，既是一個結果，也是一個問題。

一張表，看懂「病態焦慮」

「病態焦慮」是無法承擔實有性焦慮（前一章所提出的焦慮），所導致的異常反應，更進一步來說，就是缺乏勇氣的狀態，使個體無法有效的面對自身存在的不確定性與挑戰。它來自個體對自身存在的脆弱適應不良，病態焦慮的個體會發展出僵化的行為模式，導致過度的恐懼與心理防衛機制來逃避焦慮，如精神官能性焦慮。

病態焦慮	說明
與宗教的關係	宗教通常提供一種超越性的意義來安撫焦慮，但如果個體以僵化的方式依賴宗教，可能會將信仰變成一種強迫性的自我防衛機制，導致精神官能性焦慮，例如過度害怕天譴、沉迷於儀式性行為，而非真正獲得內在安寧
與醫學的關係	醫學（尤其是精神醫學與心理治療），認為病態焦慮是一種需要治療的狀態。傳統醫學試圖完全消除焦慮，但現代的觀點認為，焦慮無法被完全消除，而應該學會與之共處。醫學的任務是協助個體從僵化的防禦模式中解放出來，讓人們能夠更靈活的適應焦慮、發展勇氣
與生命力的關係	病態焦慮通常發生在生命力低落的時候，兩者是相對的。當一個人的生命力不足時，他無法承擔實有性焦慮，因此會產生逃避行為，如強迫症、焦慮症等。相反的，生命力強的人能夠將焦慮納入自身，不會被其壓垮，能夠從焦慮中找到成長的契機

第四章

勇氣與參與：做為部分存在的勇氣

“人參與他所屬的世界，但
同時又與這個世界分離。”

本章探討勇氣與個體化、參與的關聯，
並集中討論「做為部分存在的勇氣」，
是如何透過群體的存有力量來肯定自身，
以及在不同時期與不同主義狀態的社會中，這份勇氣是如何影響人與社會。

1 存有、個體化與參與

這裡不是探討基本存有論結構及其構成要素的地方。我在《系統神學》（*Systematic Theology*）第一卷第一部分中，已經做過一些這方面的工作。目前的討論必須涉及那些篇章的討論但無須重複其論證。

根據存有的基本兩極化結構（即我與世界），存有論的原則也有一種兩極化的特徵，也就是「個體化與參與」。假如我們把勇氣定義為「存有不理會非存有的威脅而進行的自我肯定」的話，這兩個要素與勇氣問題的關係就會是顯而易見的。如果我們問：這個自我肯定的主體是什麼？那我們就必須回答：是參與到世界亦即參與到存有的結構宇宙之中的個體自我。

人的自我肯定包含著可以區分但又不可相離的兩面：一面是對做為自我的自我肯定，即對一個分離的、自我中心的、個體化的、不可比較的、自由的和自我決定的自我肯定。這是我們在每個自我肯定行動中肯定的東西。這就是人需要防衛使之不受非存有傷害的東西，也是人需要透過承擔非存有去勇敢肯定的東西。擔心這個自我的失去是焦慮的本質，而覺知對自我的具體威脅是恐懼的本質。

存有論上的自我肯定，先行於對自我在形上學的、倫理學的或宗教上的定義差異。存有論上的自我肯定既不是自然的也不是精神的，既不是善的也不是惡的，既不是內在的也不是超越的。這些差異之所以可能存在，是因為它們潛藏著做為自我存有論上的自我肯定。

同樣的，做為個體自我特徵的各種概念，也不包含價值判斷：分離不是疏離，自我中心不是自私，自我決定不是罪性。它們同時是愛與恨、天譴與救贖的結構性描述和條件。是時候結束拙劣的神學譴責了，這種譴責只是在用道德義憤來責備含有「自我」的每一個詞語。其實，若沒有做為中心的自我和存有論上的自我肯定，則就連道德義憤也不能存在。

＊＊＊

自我肯定的主體是做為中心的自我。做為中心的自我是一個個體化的自我。你可以摧毀它，但不能分割它：它的每個部分都有這個自我專屬的印記。它也不可被交換：它的自我肯定是指向做為這個獨一無二的、不可重複與不可代替的個體。神學會認為每個人的靈魂都有無限價值，就是從做為一種不可分割的、不可交換的自我存有論中推導出來的自我肯定，這種自我肯定可以稱為「做為一己存在的勇氣」（the courage to be as oneself）。

但是，自我之所以為自我，只因為它擁有一個世界（一個有結構的宇宙），它既屬於這個世界又與它分離。自我和世界是相對應的，個體化與參與的關係也是如此。因為這正是「參與」的意思之所在：成為某物的一部分，但同時又與某物相分離。從字面上看，參與意味著「加入」。這可以在三層意義上說明：第一層意義是「分享」，如分享一個房間；第二層意義是「共有」，如柏拉圖談到的「分受」（methexis，個體參與到共相之中）；第三層意義是「做為一部分」，例如參與政治運動。

在這些情況中，參與都有部分同一性（partial identity）和部分非同一性（partial

non-identity）。整體的一部分和它所屬的整體並不等同。但整體只在由部分構成的情況下才是整體。身體與四肢關係是最明顯的例子。自我是世界的一部分，沒有了這個個體的自我，世界便不是其所是。我們有時會說某人認同某個運動。這種參與讓他的存有和運動的存有部分相同。

要理解「參與」這種高度辯證的性質，我們有必要從力量（power）的角度思考，而不是從事物的角度思考。斷然有別的東西的部分同一性是不可想像的，但存有的力量卻可以為不同的人分享。一個國家的存有力量可以被所有國民分享，並且以一種突出的方式上為它的統治者所分享。國家的存有力量部分是他們（國民與統治者）的力量，儘管國家的力量超越他們的力量，而他們的力量也超越國家的力量。「參與」的同一性是存有力量中的同一性。在這個意義下，個體自我的存有力量就會部分等同於他的世界的存有力量，反之亦然。

對自我肯定和勇氣這兩個概念來說，這意味著「做為個體自我的自我肯定」總是包含著對自我所參與「存有力量」的肯定。自我是因為加入到群體、運動、本質的力量或存有力量而肯定自身。自我肯定若不理會非存有的威脅而照樣進行，便是存在的勇氣。但這不是「做為一己存在的勇氣」，而是「做為部分存在的勇氣」（courage to be as a part）。

「做為部分存在的勇氣」一語構成了某種困難。雖然它顯然要求「做為一己存在的勇氣」，但「做為部分存在的意志」似乎表現出勇氣的缺乏，也就是說渴望生活在一個更大整體的保護之下。這促使我們自我肯定做為某個整體的一部分而不是自己本身，而且這似乎不是勇氣而是軟弱。但做為部分的存在指向這個事實：自我肯定必然包括肯定自己是個「參與者」，而我們的自我肯定的這一面向受到非存有威脅，這個受威脅的程度並不少於另一面向（即對做為個體自我的自我肯定）。

我們不僅受到失去我們個體自我的威脅，還受到可能失去對我們世界的參與的威脅。因此，做為部分的自我肯定所要求的勇氣，並不少於做為一己的自我肯定。那是「同一種」勇氣，即把非存有的雙重威脅納入自身的勇氣。

存在的勇氣本質上總是「做為部分存在的勇氣」和「做為一己存在的勇氣」兩者的相互依存。「做為部分存在的勇氣」總是「做為一己存在的勇氣」的必要部分組成，而「做為一己存在的勇氣」也總是「做為部分存在的勇氣」的必要部分組成。然而，在人類的有限性和疏離的狀態下，本質上統一的東西變得在存在上分裂了。「做為部分存在的勇氣」從它與「做為一己存在的勇氣」構成的統一體中分離了出來，反之亦然。然後兩者各在自己孤立的狀態下瓦解了。它們原先納入自身中的焦慮沒有緩解鬆弛下來，變成了具有破壞性。

這種情況決定了我們進一步的研究程序。我們將首先探討「做為部分存在的勇氣」的諸種表現，然後探討「做為一己存在的勇氣」的諸種表現，最後將會探討怎樣才能讓勇氣的這兩面重歸統一。

2 集體主義與半集體主義的表現

「做為部分存在的勇氣」是透過參與而肯定自身存有的勇氣。人參與他所屬的世界，但同時又與這個世界分離。但只有透過參與到世界那些構成人自身生命的部分之中，對於世界的參與才是真實的。做為整體的世界是潛在的而非現實的，只有人與之同一的那些部分才是現實的。

根據實在界的兩極性結構，一個存在物的自我關聯（self-relatedness）愈多，它的參與能力就愈大。做為完全的中心性存有（centered being），人能夠參與到一切之中，但他會透過世界讓他成為個人（person）的部分參與。只有連續與其他個人互動，才會讓一個人成為個人和保持為個人。這種互動的場所是社群。由於人的肉體存在是自然的一個確定部分，人對自然的參與是直接的；就人靠認識和改造來超越自然的這一點而言，人對自然的參與則是間接並以社群為中介的。沒有語言就沒有普遍概念，沒有普遍概念就無法超越自然，無法與做為自然的自然發生關聯。然而語言是共同的而非個人的。人直接參與的那一部分現實就是他所屬的社群。而且只有透過這個社群，對做為整體的世界和它的所有部分的參與，才會得到媒介。

因此凡是有「做為部分存在的勇氣」的人，都有勇氣把自己做為他參與社群的一部分來加以肯定。他的自我肯定是社會群體自我肯定的一部分。這些群體構成了他所歸屬的社會。這似乎意味著除了個體的自我肯定外，還有集體的自我肯定存在，暗示著集體的自我肯定受到非存有的威脅，由此產生出集體的焦慮，需要以集體勇氣去應付。我們也許可以說，這種焦慮和勇氣的主體是「我們自我」（we-self），以此分別於做為其部分的「個人自我」（ego-self）。

但我們必須反對這種自我意義的擴大。自我性（self-hood）就是自我中心性（self-centeredness），但群體卻不像個人那樣，有中心可言。有的也許是一個中央集權的權力，例如：一位國王、一位總統或一位獨裁者。他也許能夠把意識強加給群體，但他的決定並不是群體的決定，儘管群體也許會追隨他的決定。所以使用「我們自我」這個字眼的理由是不充分的，使用「集體焦慮」和「集體勇氣」之類的詞語也沒有用處。

***

在談論焦慮的三個歷史時期時，我們談到芸芸大眾會被特定種類的焦慮攫住，理由在於他們很多人經驗到產生該種焦慮的處境，也是因為焦慮的爆發總是具有傳染性。除了一種攫住一個群體中很多人或所有人的焦慮以外，並不存在什麼集體焦慮。「集體勇氣」一語之不妥也是一樣道理，不存在可以做為這種勇氣的主體，有的只是參與到群體中的眾多自我（他們的性質也部分被這個參與所決定）。假想中的「我們自我」其實是一個群體中「個人自我」的共同性質。「做為部分存在的勇氣」就像所有形式的勇氣一樣，具有一種個體自我的性質。

在集體主義社會中，個人的生存和生命都是由群體的生存和制度決定。在這種社會中，個體的勇氣就是「做為部分存在的勇氣」。當我們望向所謂的原始社會，就可以發現焦慮的典型形式和勇氣表現自己的典型制度。群體中的成員產生出相同的焦慮和恐懼，他們也採取相同的方法培養勇氣和堅毅，而這些方法是由傳統和制度所規定。這種勇氣被認為是群體成員所應該具有。

在很多部落中，一個人是否有勇氣忍受痛楚，是他是否可以獲得合格成員資格的考驗。而在大部分群體中，是否能勇敢接受死亡是一個人生命的最後考驗。經得起這些考驗的人的勇氣是「做為部分存在的勇氣」。他透過他參與的群體肯定自己。擔心在群體中失去自己的潛在焦慮並沒有現實化，因為個體和群體仍然保持完全的同一，而且以「在群體中喪失自我的威脅」為形式的非存有還沒有出現。

在群體中的自我肯定，包括了接受罪疚和其做為公共罪疚的結果而接受下來的勇氣，無論需要負責的是自己或他人。要讓個體為了群體的緣故而受罰，以及要讓群體要求的懲罰和贖罪方法為個人所接受，是群體面對的一個難題。個人的罪疚意識，僅僅是做為對集體的制度和規則的偏離意識而存在。真理和意義，是體現在傳統和群體的象徵之中，不存在自發性的發問和懷疑。

然而就像在每個人類社群會看見的那樣，即使是在原始的集體中，一樣會有突出的成員，他們是傳統的肩負者和未來的領導者。為了可以去判斷和去改變，他們和群體之間必須保持充分距離。他們必須負起責任和提出問題。這無可避免會產生個人懷疑和個人罪疚。儘管如此，在原始群體的所有成員中占主導地位的勇氣模式仍然是「做為部分存在的勇氣」。

＊＊＊

在第一章處理勇氣概念的時候，我提到中世紀及其對勇氣所做的貴族式詮釋。就像所有封建社會那樣，中世紀的勇氣基本上是「做為部分存在的勇氣」。中世紀所謂的唯實論（Realism，編按：相信世界上有一個客觀的真理或本質，它不會因為我們的想法或感覺而改變）哲學是一種參與的哲學。

這種哲學假設：共相（the universals）在邏輯上比個別真實，集體在現實中也比個體真實。殊相（the particular，字面意義是「做為一個小部分」）是透過參與共相而獲得存有的力量。例如，個人賴以獲得自尊的方法，要麼是做為封建領主的追隨者，要麼是做為行會的成員，要麼是做為學術團體的一員，要麼是做為一種技能或行業的從業者。

然而儘管有著種種原始成分，中世紀並不原始。古代世界所發生的兩件事，把中世紀的集體主義和原始的集體主義明確的區分開來。一件事是對個人罪疚的發現（被先知們稱為在「上帝面前的罪疚」）：這是文化與宗教邁向個人化的決定性一步。另一件事是希臘哲學中自由發問的興起：這是文化與宗教邁向問題化（problematization）的決定性一步。兩個因素都被教會傳輸給了中世紀國家。隨之而來的是對罪疚和天譴的焦慮，以及對懷疑和無意義感的焦慮。

就像在古代晚期那樣，這種處境本來可能會讓「做為一己存在的勇氣」成為必要。但教會卻給了焦慮和絕望的威脅另一種解藥，那就是教會自身、其傳統、其聖禮、其教育及其權威。對罪疚的焦慮被納入「做為聖禮共同體一部分存在的勇氣」中。對懷疑的焦慮被納入「做為啟示與理性的共同體一部分存在的勇氣」中。

以這種方式，中世紀的勇氣儘管不同於原始的集體主義，仍然是一種「做為部分存在的勇氣」。這一狀況造成的緊張，在理論上是唯名論（Nominalism，編按：認為現實事物並沒有普遍本質，只有實質的個體是存在的；共相非實存，而是代指事物性質的名稱，故稱「唯名」）對中世紀唯實論所做的攻擊，以及兩者之間持續不斷的衝突。唯名論賦予個體終極實有性，而要不是被教會獲得大大強化的權威扯後腿，它本來可以比實際早上更多的去瓦解中世紀的參與體系。

同一種緊張，也表現在宗教實踐裡的彌撒聖禮和懺悔聖禮的二元性上。前者媒介客觀性的救贖力量，被認為是人人都應該參與。這種普遍參與性讓罪疚與救恩不只被感受為個人性，還被感受為共同性。對罪人的懲罰則有著代表性質，被認為整個共同體都與他一同受苦。而要將罪人從世上和煉獄中的懲罰解脫出來，部分有賴於聖徒所代表的聖潔，也有賴為他的解脫而做出犧牲的那些人的愛。沒有什麼比這種相互代表，更能表現出中世紀參與體系的特徵。

一如在原始生活方式中那樣。「做為部分存在的勇氣」和把對非存有的焦慮承擔起來之舉，也體現在中世紀的制度。然而，隨著反集體主義一極（以懺悔聖禮為代表）的崛起，中世紀的半集體主義便走到了盡頭。只有「悔悟」（個人對審判和救恩的全然接受）可以讓客觀聖禮發揮效力的原則，導致了客觀成分（代表與參與）邁向萎縮甚至被排除。在悔悟的行為中，每個人都是單獨站在上帝面前。雖然教會想要把這種成分和客觀成分調和起來，卻備感困難。最後，這種調和被證明是不可能的，原有的體系（參與的體系）便瓦解了。與此同時，唯名論傳統變得強大有力，從教會的霸權中解放出來。在宗教改革和文藝復興時期，對中世紀的「做為部分存在的勇氣」來說，它的半集體主義體系走向式微，而「做為一己存在的勇氣」開始被推向檯面。

3 新集體主義的表現

為反對在西方近代史上占主導地位的「做為一己存在的勇氣」，興起了一些帶有新集體主義特徵的運動，包括法西斯主義、納粹主義和共產主義。它們跟原始集體主義和中世紀半集體主義的基本差異有三。

第一，新集體主義是以自律理性的解放和技術文明的創立為先導。它把這種發展取得的科技成就來達成自己的目的。第二，新集體主義興起在一個有很多競爭趨勢的環境中，這種相互競爭的情形甚至見於新集體主義運動內部，因此它比舊的集體主義較不穩定和較不安全。這導致了第三個（也是最突出的）區別：當今集體主義的極權主義方法，是打著民族國家或超民族帝國的旗號。這除了是因為新極權主義必須具備一個中央集權的技術組織，更是因為它必須打壓可能透過替代選項和個人決斷引起集體主義體系瓦解的各種傾向。然而，這三個方面的不同，並不妨礙新集體主義表現出原始集體主義的許多特點，其中首先需要特別強調的就是倚靠參與去實現自我肯定，即強調「做為部分存在的勇氣」。

重蹈部落集體主義的覆轍在納粹主義身上昭然若揭。德國人的民族精神觀念為納粹主義奠定了良好的基礎。「血與土地」的神話加強了這一趨勢，而對「元首」的神化則做好了其餘的工作。

與之相比，最初的共產主義是一種理性的末世論，是一個批評與期望的運動，在很多方面和眾先知的觀念相似。但是，在俄國建立起共產主義國家之後，理性和末世論的成分被拋棄而消失了，生活的各個領域向著部落集體主義倒退。俄國民族主義在其政治表達和神祕主義表達中摻雜著共產主義的意識形態。今日，「世界主義者」已成為了共產國家中最惡劣異端的代稱。雖然有著先知背景、看重理性和巨大技術生產力，但共產主義已經幾乎淪為部落集體主義。

因此，只要集中看一下新集體主義的共產主義表現，我們就不難分析在新集體主義中的那種「做為部分存在的勇氣」。但如果我們著眼於諸如俄國人的性格、沙皇獨裁的歷史、史達林主義的恐怖、極權主義體系的動力和世界政治局勢這些輔助性原因，就會與核心議題失諸交臂。所有這些原因都是輔助性，但不是本源。它們有助於保存和傳播這種體系，但本身不構成它的本質。新集體主義的本質是「做為部分存在的勇氣」。這種勇氣被共產主義的新集體主義，灌輸給那些生活在非存有威脅不斷增長之下的人民大眾，灌輸給那些焦慮感受不斷加深的人民大眾。

傳統的生活方式在現代世界中被迅速的連根拔起。這種事已經在歐洲發生且仍在發生，亞洲和非洲最遙遠的角落亦復如此。這是一種遍及全球的發展。共產主義給予那些已經失去或正在失去舊集體主義式自我肯定的人一種新的集體主義，連帶給了他們一種新的「做為部分存在的勇氣」。如果看一看共產主義的堅定信徒，我們會發現他們樂於為群體的自我肯定和運動的目標，去犧牲任何個人的自我實現。

不過共產主義戰士大概不會贊成我們這樣描述他們所做的事。就像所有運動的狂熱信徒那樣，他們大概不會覺得他們是在犧牲。他們可能會認為他是選擇了達到個人自我實現的唯一正確道路。如果他們以肯定他們所參與的集體來肯定自己，那他們就從集體方面獲得了他們自己，由集體來充實和實現了自己。他們貢獻出很多屬於他們個體自我的東西（大概包括做為時空中特殊存在物的他們存在本身），但他們得到的會更多，因為他們的真實存有是被封閉在群體的存有中。在把自己交託給集體的大業時，他們也交託出了他們身上那些不包含在集體的自我肯定之中的東西，而他們也不認為這些東西是值得肯定的。以這種方式，對個人非存有的焦慮被轉化成為集體而焦慮，接著，這一焦慮借助參與到該集體之中，被肯定一己的勇氣所征服。

＊＊＊

我們可以透過共產主義和三種主要類型焦慮的關係了解這種模式。就像存有於每個人身上一樣，堅定的共產主義者一樣會對命運和死亡焦慮，沒有一個存在物能接受自身的非存有而不做出反動反應。極權國家的恐怖統治手段如果無法讓人民感到恐怖，那麼這些手段就是沒有意義的。但那些被恐怖統治手段威脅的人，把對命運和死亡的焦慮納入了做為整體一部分的「存在的勇氣」中。透過這種參與，人肯定了那些可能會導致毀滅性命運或甚至會導致一己死亡的東西。

更深入的分析顯示出如下結構：參與是一種部分同一（partial identity）和部分

不同一（partial nonidentity）。命運和死亡可能會傷害或摧毀參與者與集體不同一的部分。但根據參與的同一性，還有另一部分的存在，這個另一部分並沒有受到集體的要求，或行動的傷害或破壞。它超越命運和死亡。在集體被認為是永恆的意義上，這部分就是永恆的，即是普遍性的本質展現。這不必然是集體成員所能意識到，但它卻隱含在他們的感情和行動中。他們無限關切群體的圓成（fulfillment），但不是將永恆（eternal）和不朽（immortal）混淆。

不管在新和舊的集體主義中，都沒有個人不朽的觀念。一個人所參與的集體取代了個人不朽性。另一方面，這也不是對死亡的認命（否則就不可能有存在的勇氣），而是某種超越不朽和死亡的東西。它是參與到超越死亡的東西之中，即參與到集體之中，又藉此參與到「存有自身」之中。凡處於這種位置的人在犧牲其生命的那一刻，都會感覺自己被納入到集體的生命之中，並透過這種納入被納入到宇宙的生命中（即使不是做為特殊存在物，也是做為一個必要成分而被納入）。

這與斯多噶式存在的勇氣類似，而歸根究柢，承托著這種態度的正是斯多噶主義。不管是在古代晚期還是今天，斯多噶主義的態度（即使是表現為集體主義形式的），也是基督教唯一的嚴肅替代選項。真正的斯多噶主義和新集體主義的差別在於，後者首先是受集體的約束，然後才是受宇宙的約束，反觀斯多噶主義卻是首先與普遍的「邏各斯」發生關聯，然後才與可能的人類群體發生關聯。但在這兩種情況中，對命運與死亡的焦慮都被納入到「做為部分存在的勇氣」之中。

對懷疑與無意義感的焦慮，以一樣的方式被納入新集體主義式勇氣中。共產主義自我肯定的力量，阻止了懷疑的實現和對無意義感焦慮的爆發。生活的意義就是集體的意義。就連以恐怖統治手段受害人身分生活在社會階級制度最下層的人，也不會懷疑這些原則的有效性。對這些人來說，在他們身上發生的事不過是命運使然，而他們需要的是克服對命運和死亡的焦慮的勇氣，不是克服懷疑和無意義感焦慮的勇氣。在這種確信的支配下，共產主義者以藐視眼光看待西方社會。

他們從西方社會觀察到大量對懷疑的焦慮，而他們把這種現象解釋為一種大病的主要症狀，是資本社會行將滅亡的表現。這是新集體主義國家禁絕大多數現代藝術形式的理由之一，儘管這些形式對於處於前共產主義時期最後階段的現代文學藝術的興起和發展做出了重要貢獻，也儘管共產主義在鬥爭階段曾經把反資產階級成分做為政治宣傳。隨著集體的確立和對「做為部分自我肯定的排他性」的強調確立，各種「做為一己存在的勇氣」的表述受到了打壓。

新集體主義者同樣能夠把對罪疚和天譴的焦慮，帶入他「做為部分存在的勇氣」中。產生對罪疚的焦慮不是他個人的罪，而是反對集體真實的罪或可能的罪。在這一點上，對他來說集體取代了那個施審判、行懲罰和賜寬恕的上帝。他會向集體告解（方式常常類似早期基督教和後來的宗派主義群體〔sectarianism，編按：指堅持自己教派正統，不肯包容或理解其他看法〕），他從集體接受審判和懲罰，他向集體求寬恕，承諾自我改造。只要他的懺悔被集體接受，他的罪疚就會得到克服，一種新的存在的勇氣就可能誕生。這些都是共產主義生活方式最矚目的特徵，如果不深入到這些特徵的存有論根源，不深入到這一體系（它是建立在「做為部分存在的勇氣」之上）的存有力量之中，我們就幾乎難以了解這些特徵。

就像先前對集體主義早期形式的描述一樣，這裡也是一種類型學的描述。類型學描述就其性質而言，便是假設了在現實上很難找到與它的描述十足符合的事物。現實事物和類型學描述會有不同程度的近似、混合、轉變和衍生。不過我無意描繪俄國狀況的完整狀況，也不打算把東正教會的重要性或不同民族運動和個別異議分子的重要性包含進來。我只想按照大規模體現在今日俄國的情形，描繪新集體主義的結構及其勇氣類型。

4 民主式齊一的表現

同樣的方法論也可用於我所謂的「民主式齊一」（democratic conformism）。把「民主式齊一」表現得最典型的正是今日的美國，但其根源可以追溯至歐洲過去的歷史。就像對待新集體主義生活方式那樣，我們是不能單單透過輔助性因素理解這種現象。這些輔助性因素包括融合多種民族的需要、長期孤立於世界政治舞台之外，以及排外的清教主義影響等。為了了解「民主式齊一」，我們必須追問：承托著這種現象的是哪種類型的勇氣？它是怎樣對付人的焦慮？它與新集體主義自我肯定的關係為何？它跟「做為一己存在的勇氣」的關係又為何？

還有一點需要事先聲明。從一九三〇年代早期起，美國就受到了歐洲和亞洲的影響，這些影響有的代表了「做為一己存在的勇氣」的極端形式（例如存在主義的文學和藝術），有的企圖透過不同形式的超越勇氣（transcendent courage）來克服我們時代的焦慮。不過這些影響只局限於知識階層，局限於那些因為世界歷史事件的衝擊而對近年來存在主義提出問題的人。這些影響並沒有觸及社會上的芸芸大眾，也未能改變一般人的情感和思想的基本趨勢，甚至正好相反，做為部分而存在的趨勢，以及透過參與到既有生活結構而肯定一已存在的趨勢，都在快速成長。齊一（conformity）現象正在不斷增加，只不過還沒有到達變成集體主義的地步。

＊＊＊

文藝復興時期的新斯多噶主義透過將「消極接受命運的勇氣」（這是舊斯多噶主義所推許）轉化為「與命運積極搏鬥的勇氣」，為美國的「民主式齊一」打下了基礎。在文藝復興時期的藝術象徵手法中，命運有時會被表現為吹動船帆的風，而人掌著船舵，在各種給定條件下盡可能決定船的航向。人努力實現他的所有潛能，而他的潛能是無窮無盡。這是因為他是個微宇宙，大宇宙中的一切力量都潛存於人這個微宇宙身上，而人也參與到大宇宙的所有領域和層次。透過人，宇宙繼續進行著創造的過程，而這個過程中，人是最早被創造出來做為創造的目的和中心。

現在，人必須根據他被賦予的生產力量（productive power）來形塑他的世界和自己。自然透過人得以圓成，被吸納到人的知識和他的轉化性技術活動中去。在視覺藝術中，自然被帶入人的領域，同時人也處於自然之中，兩者都得以顯示出它們美的終極可能性。

這一創造過程的肩負者是個體的人，而人做為個體，是宇宙獨一無二的代表，其中最重要的是有創造性的個人，即天才。根據康德後來的說法：在天才身上，自然的無意識創造性闖入到了人的意識。像米蘭多拉（Pico della Mirandola）、達文西、布魯諾、莎夫茨伯里（Shaftesbury）、歌德和謝林都受到了這種主張，也就是人參與到宇宙創造過程的觀念而得到啟發。在這些人身上，熱情和理性統一了起來，他們的勇氣同時是「做為一己存在的勇氣」和「做為部分存在的勇氣」。「個人是參與到大宇宙創造過程的微宇宙」的主張，為他們提供了這種綜合的可能性。

人的生產力根據以下的原理從潛能走向現實：任何被實現了的東西都有進一步被實現的潛能。這就是進步的基本結構。雖然文藝復興是用亞里斯多德的語彙描繪進步，但它對進步的信念卻完全有別於亞里斯多德和整個古代世界的態度。在亞里斯多德時期，從潛能到實現的運動是垂直的，由低一階的存在形式走向高一階的存在形式。而在近代進步主義的觀點看來，潛能到實現的運動是水平的、時間性的和未來性質的。這是現代西方人的自我肯定展現自己的主要形式。它是勇敢的，因為它承擔了一種焦慮，這種焦慮隨著我們對宇宙和我們世界有愈來愈多知識而增加。地球已經被哥白尼和伽利略逐出了宇宙的中心。它變小了，而儘管布魯諾懷著「英雄氣概」一頭扎進宇宙的無限性中，很多人還是產生了一種迷失感，感覺自己迷失在宇宙天體的汪洋之中，迷失在天體運動不可動搖的法則之中。現代的勇氣不是單純的樂觀主義。它必須承擔對非存有的深邃焦慮，這種非存有表現在宇宙的無邊無際和不帶有一種人類可理解的意義。這種焦慮是可以被納入勇氣之中，但不能被消除，而一旦勇氣減弱，它便會冒上來。

這是自然和歷史創造過程中「做為部分存在的勇氣」的決定性資源。它在西方文明得到發展，而這種發展又以在新大陸最為顯著。不過在轉變為今日美國民主特有的那種齊一類型「做為部分存在的勇氣」之前，它曾經歷很多變化。文藝復興時期的巨大熱情在新教和理性主義的影響下消失了，而當它重新出現在十八世紀末和十九世紀初的古典浪漫主義運動時，它已無力在工業社會造成更多影響。個體性和參與那種基於巨大熱情而形成的綜合瓦解了。

隱含在文藝復興個體主義的「做為一己存在的勇氣」和隱含在文藝復興普遍主義的「做為部分存在的勇氣」，出現了持久的緊張關係。極端形式的自由主義受到了重建中世紀集體主義的反動挑戰，又或是受到建立新的有機社會烏托邦的挑戰。自由主義和民主有可能以兩種方式發生衝突：要麼是自由主義破壞民主對社會的控制；要麼是民主政治變得專橫，再轉變為極權的集體主義。

***

除了這些動態的激烈運動外，也可能出現一種比較靜態和沒有攻擊性的發展：「民主式齊一」的興起。這種態度限制了所有「做為一己存在的勇氣」的極端形式，但並沒有摧毀使它有別於集體主義的自由主義成分。英國特別是這樣的情形。自由主義與民主的緊張，解釋了許多美國「民主式齊一」的特徵，但在所有這些變遷背後，有一件事保留了下來，那就是歷史的創造過程中的「做為部分存在的勇氣」。正是這一點使得今日的美國式勇氣成為「做為部分存在的勇氣」的偉大典範之一。這種勇氣的自我肯定，是肯定自己乃人類創造性發展的一個參與者。

在來自歐洲的觀察者看來，美國式勇氣有著讓人驚訝的成分：雖然這種勇氣過去主要以早期的開拓者為象徵，但現在它卻出現在大部分人民身上。一個美國人或許有過悲慘的經歷，遭受過命運的打擊，信念破滅甚至體驗到罪疚和一時的絕望，但他卻不會感到沒有意義、受到天譴或者沒有希望。當羅馬的斯多噶主義者經驗到同樣災難時，他們以逆來順受的勇氣把一切承擔下來。然而，典型的美國人在失去存在的根基之後，卻會致力重建新的根基。個人是如此，整個民族也是如此。在美國人看來，人能夠不斷的進行實驗，因為實驗的失敗並不意味勇氣的喪失。人所參與的生產過程自然會包含風險、失敗和災難，但它們並不會動搖勇氣。

這意味著，存有的力量與意義正是寄寓在生產行為的自身。這部分回答了外國觀察者（特別是神學家）常常問的一個問題：為了什麼？美國社會生產活動所提供的各種恢弘手段的目的為何？那些手段不是已經吞噬了目的的嗎？漫無限制的生產手段不正表明了目的之闕如嗎？甚至連許多土生土長的美國人，現在都傾向於對最後一個問題做出肯定回答。但包含在生產手段中的東西還有很多，生產的內在目的不是工具和設備，而是生產本身。那些手段不僅僅是手段，它們被視為創造，是隱含在人類生產無限可能性的象徵。

「存有自身」本質就是生產性。從基督徒會像非基督徒那樣，毫不猶豫的把最初具有宗教意味的「創造性」一詞應用在人的生產活動這一點上，顯示出歷史的創造性過程被認為是神聖的。如此一來，它就包括了「做為創造性過程一部分存在的勇氣」（我認為在這個脈絡上，用生產性過程要比創造性過程更適當，因為強調的重點是放在技術生產上）。

最初，民主式齊一的「做為部分存在的勇氣」是和進步的觀念綁在一起。所有深具美國色彩的哲學，像是實用主義、過程哲學、成長倫理學、進步教育等，全都表達著做為一個人所屬的群體、做為這個國家、做為全人類進步一部分的存在的勇氣。但這種勇氣不必然會因為進步信仰的動搖而被摧毀。進步可以意謂兩件事情。其一是，在每個行動中，當生產出被給定以外的某事物時，便是取得了進步（進步意味著不斷前進）。在這個意義下，行動和對進步的信仰是分不開的。其二，另一個意義的進步，是進步性演化的普遍性、形上學的法則，在其中，累積會產生出愈來愈高的認識與價值。這種法則的存在是不能被證明的。大部分過程都顯示，所得與所失是相當的。然而新生的所得仍然是必要的，否則過去所有的所得就會喪失。參與生產過程的勇氣並不依賴於形上學的進步觀念。

＊＊＊

「做為生產過程一部分存在的勇氣」把三種主要形式的焦慮納入自己裡面。我們已經談過它是怎樣處理對命運的焦慮。在一個高度競爭性的社會，這種情形尤顯得神奇，因為在這樣的社會裡，個體幾乎沒有什麼安全保障可言。「做為生產過程一部分存在的勇氣」征服了大量焦慮，因為失業和經濟基礎的喪失而使得人被排除在這種參與之外的威脅，正是「命運」一詞在今日之所指。只有從這個角度看事情，我們才能了解美國人在一九三〇年代的巨大危機，才能了解他們在危機中為何經常喪失存在的勇氣。

對死亡的焦慮被以兩種方式應付。一是死亡的實有性以最高的可能程度被排除在日常生活之外。死者不被容許顯示為已經死了，而是會被轉化為生者的面具。另一個處理死亡的方式（也是更重要的方式），是相信生命在死亡後依然存在，即相信所謂的靈魂不朽。這不是基督教的信條，也不是柏拉圖的信條。基督教談的是復活和永生，柏拉圖談的是靈魂對超越時間本質領域的參與。但現代的靈魂不朽觀念意味著持續的參與到生產過程中，意味著「時間與世界的沒有盡頭」。不是個人在上帝中的永恆安息，而是他對宇宙動態的無休止貢獻讓他有勇氣面對死亡。在這種盼望中，上帝幾乎是可有可無的。祂也許會被視為靈魂不朽的保障，但即使不這樣認為，人們對靈魂不朽的信念並不一定會動搖。對「做為生產過程一部分存在的勇氣」來說，重要的是靈魂不朽而不是上帝，即使有些神學家把生產過程本身理解為上帝。

「對懷疑和無意義感的焦慮」跟「對命運和死亡的焦慮」一樣嚴重。它是根植於有限生產力的性質。正如我們看到過的，雖然重要的不是做為工具的工具，而是做為人類生產力結果的工具，但「為了什麼？」的問題是不可能完全被壓抑下來的。它只是暫時受到了噤聲，隨時準備好再冒出來。今日我們目睹這種焦慮的成長和把它納入到自身勇氣的減弱。使得對罪疚和天譴的焦慮根深柢固的存在於美國人的心中。

這首先是清教主義所造成，然後又受福音派—虔敬派運動的影響。即使這種焦慮的宗教基礎現已敗壞，它仍然非常嚴重。但出於和那種占主導地位的勇氣——「做為生產過程一部分存在的勇氣」——發生聯繫，它的特徵發生了改變。在調適於社會的創造性活動和在其中取得成就時，展現的短處會產生罪疚。在做出這些調適和成就已經在望時，負責審判、原諒和修復的是一個人生產性參與的社會群體。這就是何以追求一己的世界和一己的存有的聖化（sanctification）和轉化，較之於稱義（justification）和罪的寬恕的經驗更具有存在意義。前者需要並試圖得到一個新的起點。「做為生產過程一部分存在的勇氣」正是以這種方式把對罪疚的焦慮納入自身。

參與生產過程要求齊一和調適於社會生產的方式。當生產方法變得愈是劃一和包羅全面時，這種必要性就愈強。技術社會會發展出愈來愈多的固定模式。維持生產和消費的器暢順運轉的齊一性（confirmity），會隨著公共溝通手段的增加而增加。世界政治思潮（亦即對集體主義的鬥爭）已經讓集體主義的特徵烙印在反對它的人身上。這個過程還在繼續中，可能會導致以美國人為代表的那種「做為部分存在的勇氣」中的齊一成分獲得加強。齊一主義也許會向集體主義趨近，但不是在經濟方面，也不是在政治方面，而是在日常生活模式與思想模式方面。

這種情形是否會發生，發生的話又會發展至何種程度，部分取決於那些擁有「做為一己存在的勇氣」的人的抵抗力量，這些人代表了「存在的勇氣」的另一極。由於他們對齊一主義和集體主義形式的「存在的勇氣」的批判，是他們的自我表現的決定性成分，我們將會在下一章討論這些批判。但在此，所有批判都同意的一點是：「做為部分存在的勇氣」的各種形式都是對個體自我的威脅。正是這種喪失自我的危險激起了抗議，導致「做為一己存在的勇氣」興起，而這種勇氣本身又會受到喪失世界的威脅。

一張表，看懂「做為部分存在的勇氣」

「做為部分存在的勇氣」指的是個體透過參與某個更大的集體（如社群、國家、宗教、文化、政治運動等），以確立自身存在的意義，即透過認同某一群體的價值觀、目標和存有力量來肯定自身。這種勇氣不僅涉及個人的存在，更包含對所屬集體的認同，並願意接受與之相應的價值與責任。

- **積極面**：個體感受到歸屬感，獲得群體支持，以抵抗非存有焦慮。
- **消極面**：若過度依賴群體，個體可能喪失獨立性，甚至變得順從於集體權威，導致無條件服從或盲從。

社會模式	定義	「做為部分存在的勇氣」的表現
集體主義與半集體主義	個體的生存和價值由群體決定，個體透過群體肯定自身	個人透過社群的傳統、儀式、集體價值來確立自身存在意義。例如：原始部落中透過服從儀式與考驗來獲取群體認可，或中世紀社會透過教會、封建制度來強化參與感
新集體主義	現代極權社會的表現，以技術與國家力量強化集體認同	納粹主義、共產主義等透過意識形態灌輸，使個體的自我肯定來自於對國家、政黨的忠誠與服從，甚至犧牲個人以換取集體的榮耀
民主式齊一	民主社會中的標準化趨勢，個體的自我肯定來自參與主流文化與經濟活動	以生產與社會機制為核心，例如美國的職場倫理與消費文化，使個體透過參與市場、競爭與科技進步來確立自身價值，而非單純依賴集體意識形態

第五章

勇氣與個體化：
做為一己存在的勇氣

“進行自我肯定的不是個體的自我本身，而是做為理性承載者的個體自我。”

本章探討個體在不依賴集體的前提下，
面對非存有威脅並進行自我肯定的勇氣。
這種勇氣與個體主義密切相關，
並在歷史發展中經歷了不同的表現形式。

1 現代個人主義的興起

個人主義是對做為個體自我的自我所做的自我肯定，而不考慮它對世界的參與。換言之，個人主義是集體主義的對立面，後者是對做為一個更大整體一部分的自我的自我肯定，而不考慮它做為一個個體自我的特徵。個人主義從原始集體主義和中世紀半集體主義的枷鎖所發展出來，它可以在「民主式齊一」保護罩的遮蔽下成長，但現在它已經在存在主義運動中以溫和或激進方式公開面目。

原始的集體主義因為個人的罪疚經驗和個人的問題發問而遭到破壞。在古代世界晚期，這兩種因素有效的導致集體主義的瓦解，帶來了犬儒主義者（cynics）和懷疑主義者的激烈非一致性（nonconformism），也帶來了斯多噶主義者的溫和非一致性，更讓人們試圖在斯多噶主義、神祕主義和基督教中找到存在的勇氣所需要的先驗基礎。所有這些動機都呈現在中世紀的半集體主義中，然而這種集體主義也像早期集體主義那樣，隨著個人罪疚的經驗和個人尋根問底所表現的分析能力，逐漸走向終結。

但這沒有立即導致個人主義。新教儘管強調個人良知，卻打造出一個嚴格遵奉權威和講究齊一性的體系。就此而言，它和它的對手（反宗教改革的羅馬教會）相似。這兩大宗教團體都沒有個人主義成分。反倒是它們的外圍存在著隱藏的個人主義。這是因為它們把文藝復興的個人主義趨勢吸納到自身去，讓它們遷就教會結構的齊一性。

這種情形持續了一百五十年。在宗教正統階段結束後，個人的成分又走到了前台。虔敬主義（Pietism，編按：強調個人內心對上帝的虔誠與實踐，而不是只注重儀式、教條或理論的宗教態度）和衛理公會重新強調個人罪疚、個人體驗和個人完善。他們本來無意偏離教會的齊一性，卻不可避免的偏離了。主觀的敬虔成為了自律理性凱旋重臨的橋梁。虔敬主義是通向啟蒙運動的橋梁，但啟蒙運動並沒有自視為個人主義性質。啟蒙思想家是不相信以《聖經》啟示為基礎的齊一性，但卻相信以每個人的理性力量為基礎的齊一性。實踐理性和理論理性的原則被認為是放諸四海皆準，能夠在研究和教育的幫助下創造一種新的齊一性。

這一整個時期都信奉「和諧」的原則：相信和諧是宇宙的法則，相信個人的活動無論被認為或體現為何等個人主義的，都會將單個的行動者導向其背後的和諧整體，導向至少為絕大多數人所能夠認同的真理，導向一種愈來愈多人所能夠參與的善，以及導向以每個個人自由活動為基礎的齊一性。個人的自由不必以摧毀群體為前提，經濟上自由主義的運作似乎印證了這一點：在市場競爭者的背後，市場法則為每個人生產出最多的商品。自由式民主的運作顯示個人政治決斷的自由，不必然會破壞政治齊一性；科學進步顯示個人的研究和個人科學信念的自由，並不妨礙一種大程度的科學共識；教育顯示對每個小孩自由發展的強調，並不會減低他們成為一個齊一社會積極成員的機會。

***

新教的歷史也印證了宗教改革家們的信念：儘管有個人差異性和甚至有教派差異性，但讓每個人以自己的方式體驗《聖經》一樣可以創造教會的齊一性。所以萊布尼茲提出的預定和諧論（Pre-established Harmony，編按：神在一開始創造世界時就把所有單子「設定」得剛剛好、精準對齊，像不同的時鐘一樣，看起來像有同步互動，但其實各走各的）一點都不讓人感到荒謬可笑：根據這種學說，構成一切事物的單子（monads，編按：在萊布尼茲的眼中，單子是世界上最小的、不可分的精神單位，也是萬物的基本構成元素）雖然沒有互相敞開門窗，卻參與到同一個世界中。世界就寓於每個單子裡面，無論這個單子是以光亮可見或模糊的方式看到這同一個世界。個體化與參與的難題似乎不僅在實際上得到了解決，也在哲學上得到了解決。

就啟蒙運動的理解，「做為一己存在的勇氣」雖然是個人自我肯定的勇氣，卻包括了對普遍理性自我肯定的參與。如此一來，進行自我肯定的不是個體的自我本身，而是做為理性承載者的個體自我。也就是說，「做為一己存在的勇氣」乃是追隨理性和不甩非理性權威的勇氣。

在這方面而言，它是一種新斯多噶主義，但也只有在這方面才是如此。因為啟蒙運動的「存在的勇氣」，不是一種認命的「存在的勇氣」，它不只敢於面對命運的變幻無常和死亡的無法逃避，還會透過理性的需要轉化現實來肯定自己。這是一種戰鬥性的、英武的勇氣。透過勇敢的行動，它征服了無意義感的威脅。透過接受那些存在於個體和社會生活中的錯誤缺點和不當行為，認定它們是不可避免和可為教育所克服，進而征服了罪疚的威脅。啟蒙運動氛圍內的「做為一己存在的勇氣」，是肯定自己通向較高理性狀態橋梁的勇氣。顯然，一旦這種存在的勇氣停止對反理性事物進行革命性攻擊，它就必然會變成是齊一主義性質——當資產階級取得勝利時就是這個樣子。

2 浪漫主義與自然主義的表現

浪漫主義運動產生了個體性的觀念。它既有別於中世紀的觀念，也有別於啟蒙運動的觀念，但又同時包含兩者。這種觀念強調個體的獨特性，認為它是存有實體無可比擬且無限重要的表現。通向上帝道路的終點，不是齊一性而是差異性。肯定自己的獨特性和接受個人天性的要求，就是正確的「存在的勇氣」。這並不必然意謂任性和非理性，因為一個人的個體獨特性繫於它的創造性潛力。

然而，這種觀念的危險性也是顯然易見。浪漫主義的反諷在於它把個人提高到沒有內容的境地，讓他變得空洞，不再有責任認真的參與到任何東西之中。對像施萊格爾（Friedrich von Schlegel）這樣的人來說，做為一個個體自我的「存在的勇氣」，除了會產生出對參與的完全藐視，也會產生出回歸一個集體的渴望（做為對他自我肯定空洞的反動）。施萊格爾和過去一百年來的很多極端個人主義者，後來都皈依了天主教。

當「做為一己存在的勇氣」崩潰，人就會轉向「做為部分存在的勇氣」的制度性體現。這一轉向也是浪漫主義思想所促成的，因為浪漫派同樣強調過去時代的集體和半集體，即強調「有機社會」（organic society）的理想。就像過去常常發生的那樣，有機社會成為了個體化和參與之間的平衡象徵。不過，在十九世紀初期，它的歷史功能卻不是表達對一種平衡的需要，而是表達對集體的渴望。它被這個時期的所有反動團體利用（不管它們是出於政治考量或精神上的理由，或兩者兼之），試圖重建一個「新中世紀」（New Middle Ages）。以這種方式，浪漫主義運動同時產生出一種激進形式的「做為一己存在的勇氣」，以及對這種激進形式的「做為部分存在的勇氣」的渴望（這種渴望沒有得到滿足）。

＊＊＊

浪漫主義做為一種態度，在浪漫主義運動之後並未消失。所謂的「波希米亞主義」（Bohemianism）就是「浪漫主義式做為一己存在的勇氣」的延續。波希米亞主義繼續對資產階級和它的齊一性進行浪漫主義式的攻擊。浪漫主義運動及其後繼的波希米亞主義者，都對今日的存在主義產生了決定性作用。

但波希米亞主義和存在主義也從另一個運動吸收了成分。該運動同樣強調「做為一己存在的勇氣」，那就是「自然主義」。自然主義一詞有許多不同的意思。我們所談的只是「個人主義式做為一己存在的勇氣」在其中起作用的自然主義。尼采是這種自然主義的卓越代表人物。他是一個浪漫派自然主義者，與此同時又是最重要的「存在主義式做為一己存在的勇氣」的先行者之一，甚至正是最重要的先驅。

「浪漫派自然主義者」一語似乎是自相矛盾。浪漫主義的天馬行空想像和自然主義自限於經驗的特定條件，看似形成了一條鴻溝。但自然主義將存有與自然等同，也因此否定了超自然界的概念。這個定義讓何謂「自然」的問題有了很大的可商榷空間。我們可以機械性的描述自然，可以有機的描述自然，也可以按照一種必然的進步性整合或創造性演化的觀點來描繪自然。自然可以被描繪為一個法則或結構的系統，又或是兩者的混合物。自然主義的模式既可以從絕對具體之物獲得，即從人身上找到的個體自我獲得；也可以從絕對的抽象之物獲得，即從決定力場特徵的數學方程式獲得，上述這些態度都可以被稱為自然主義。

但這些各種類型的自然主義，並非都是「做為一己存在的勇氣」的表現。只有當自然結構的個人主義這部分具有決定性時，自然主義才會是浪漫主義性質，融合著波希米亞主義和存在主義。唯意志論類型（voluntaristic type）的自然主義就是這個樣子。如果自然（對自然主義而言這就意味著「存有」）被視為一種無意識意志的創造性表現、權力意志的客體化或「生命激情」（élan vital）的產物，那麼意志的中心（即個體自我）就對整體的運動具有決定性。

在這些個體的自我肯定中，生命肯定著或否定著自己。即使自我是從屬於一種終極的宇宙命運，它們還是在自由中決定著自己的存有。很大一部分的美國實用主義屬於這一類型的自然主義。儘管包含著美國的齊一主義和它的「做為部分存在的勇氣」的成分，實用主義與在歐洲更多被稱為「生命哲學」的觀點有很多共通處。實用主義的倫理學原則是成長，其教育方法是個體自我的自我肯定，其偏好的概念為創造性。

實用主義哲學家並不總是意識到「創造的勇氣」，隱含著以新事物取代舊事物的勇氣——對新事物來說，並不存在規範和標準；新事物代表了風險，這種風險用舊事物的標準衡量是無法估計的。這些哲學家的社會齊一性使他們看不見在歐洲被公開和自覺表達出來的東西。他們意識不到實用主義如果不受限於基督教和人文主義的齊一性，則必然會有邏輯的導致激進派存在主義者所鼓吹的那種勇氣，即「做為一己存在的勇氣」。

實用主義類型的自然主義是浪漫派個人主義的追隨者和獨立派存在主義的先行者，儘管這並非它的本意。這種自主成長的性質無別於權力意志和「生命激情」。但自然主義內部是有區別的。歐洲的自然主義一貫而自毀，美國的自然主義因為一種幸運的不一貫而獲得了拯救：他們仍然接受「齊一式做為部分存在的勇氣」。

***

在所有這些派別中，「做為一己存在的勇氣」都有這樣的特徵：它不理會非存有成分的威脅，對做為個體自我的自我做出肯定。透過將個人視為無限宇宙重要的微觀代表，它征服了對命運的焦慮。個人傳遞了集中在他身上各種存有的力量。他以知識的形式擁有它們，又以行動轉化它們。他指引自己生命的進程，以「英勇精神」承受不幸或死亡，同時又熱愛著他所反映的宇宙。甚至孤獨也不再是絕對的孤單，因為宇宙的內容就在他裡面。

如果比較這種勇氣和斯多噶式勇氣，我們會發現主要的差異在於，始自文藝復興再經過浪漫主義傳到今日的思路，強調的是個體自我的獨特性。在斯多噶主義，智者的智慧被認為是人人同等具足，勇氣正是從這種智慧誕生；但在現代世界，人人同等具足的是做為個體的存在，這種變化是受到了基督教認為個體靈魂具有永恆重要性的影響。不過，給予現代人「存在的勇氣」的不是這種信條，而是個人在性質上反映宇宙的信條。

對宇宙的熱衷（這種熱衷既體現於創造也體現於認知）還回應了懷疑和無意義感的威脅。懷疑是獲得知識的必要工具，而只要還保持著對宇宙和做為其中心者的熱衷，無意義感就不會構成威脅。對罪疚的焦慮也被移除了，死亡、審判和地獄的象徵被推到一旁，它們的嚴肅性受到盡一切努力的破壞。自我肯定的勇氣將不會被對罪疚和天譴的焦慮所動搖。

在浪漫主義晚期中，人們展示了對罪疚的另一個向度的焦慮，以及征服該焦慮的手段，也就是說，人們發現靈魂的破壞性趨勢。浪漫主義運動的第二階段，無論在詩歌創作還是在哲學中，都拋棄了從文藝復興到古典主義者和早期浪漫主義者一直具有決定性作用的「和諧」觀念。在這個階段，哲學上由謝林和叔本華代表，文學上由霍夫曼（E. T. A. Hoffman）等人代表，一種表現內心邪惡力量的現實主義誕生了，而且後來對存在主義和深層心理學又有著撲天蓋地的影響。它主張，「肯定一己的勇氣」必須包括「肯定一己邪惡內心世界的勇氣」。這澈底抵觸了一般新教徒和甚至一般人文主義者信奉的道德齊一性。

但波希米亞主義者和浪漫派自然主義者則熱切接受這種觀念。把對邪惡內在的焦慮承擔起來的勇氣，讓對罪疚的焦慮得以被征服。不過這種情形之所以可能發生，只是因為個人性質的邪惡已經被先前的發展消除，在現在可被宇宙的邪惡取代，後者是結構性，不牽涉個人責任。把對罪疚的焦慮承擔起來的勇氣，變成了肯定一己內邪惡趨勢的勇氣。這種情形之所以可能發生，是因為邪惡力量不被認定是負面的，而被認為是存有創造力量的一部分。邪惡力量做為創造性的一個曖昧場地，乃是浪漫主義晚期階段的一個發現。這個發現透過波希米亞主義和自然主義的橋接，被帶往二十世紀的存在主義。在科學上確認這個發現的，則是深層心理學。

在某些層面上，所有這些個人主義式的勇氣都是二十世紀激進主義的先行者。在這種激進主義中，「做為一己存在的勇氣」在存在主義運動中獲得了強而有力的表現。本章回顧指出，「做為一己存在的勇氣」從來都不是完全獨立於「做為部分存在的勇氣」。尤有甚者，克服孤立和直面「對個體自我肯定的過程中可能出現的失去世界的」危險，是一條通向同時超越自我和世界的道路。像是「微宇宙鏡映宇宙」、「單子象徵整體世界」、「個體的權力意志是生命本身的權力意志的表現」等觀念，皆指向一個有望超越前述兩種存在勇氣的整合性解答。

3 各種存在主義的表現

存在的態度和存在主義

浪漫主義晚期、波希米亞主義和浪漫派自然主義都為今日的存在主義開闢了道路。而今日的存在主義，是「做為一己存在的勇氣」最激進的形式。雖然晚近出現了大量有關存在主義的文獻，但為了達到我們的目的，我們有必要從認識論特徵及其與「存在的勇氣」的關係做為切入點，來對存在主義進行討論。

首先，我們必須區分「存在的態度」（existential attitude）和哲學性或藝術性的「存在主義」。存在的態度是一種涉入的態度，有別於僅僅是理論或抽離的態度。這個意義下的「存在的」，可以被界定為以一己的整個存在參與到一個處境中，特別是參與到一個認知處境中。所謂的「整個存在」包括了時間狀況、空間狀況、歷史狀況、心理狀況、社會狀況和生物狀況，也包括了對這些狀況做出反應並改變它們的有限自由（finite freedom）。一種存在的知識就是所有這些因素都參與其中，也因此是進行認知的那個人「整個存在」都參與其中的知識。

這看似違背了認知活動必不可少的客觀性和它所要求的那種超然態度。但是，知識有賴它的對象，在某些實在領域（更精確的說，是在某些從實在抽象出來的領域中）最完全的抽離乃是最充分的認知方式：一切能夠進行度量的事物都具有這一特性。但同樣方法應用到具有無限具體性的實在，則又是最不恰當的方式。當一個自我變成了可計算和可管理之物，它就不再是自我，而變成了物。你必須要參與到一個自我之中才會了解它是什麼；但透過參與，你也會改變了它。在所有的存在知識中，主體和客體兩者都會被認知行為本身所轉化。存在的知識是以互動（encounter）為基礎，在其中，一種新的意義會被創造出來且被認識到。

對他人的知識、對歷史的知識、對精神創造的知識、對宗教的知識—這些知識都具有存在的性質。這並不排除那種以抽離態度為基礎的理論客觀性。但它把抽離的態度限定為這組涵蓋一切的認知性參與行為中的一個成分。你對另一個人、對他的心理類型和他的可估計反應可能有精確的抽離性知識，但你並沒有因為知道這些而認識他的為人、他的中心性自我和他對自己的知識。只有在突入（break-through）了他的自我，在對他的存在中心進行了存在的突入以後，你才可能在對他突入的處境中認識他。這是「存在的」第一個意義，即用一己的存在來參與另一些存在的態度。

＊＊＊

「存在的」的另一意義不是指態度，而是指內容。它指向一種特殊形式的哲學：存在主義。我們必須討論它，是因為它乃是「做為一己存在的勇氣」的最激進形式。但在開始討論前，我們必須先說明為什麼有某種態度和某種內容都衍生自同一個字，以「存在的」（existential）這一詞語來描述。

存在的態度和存在主義內容，對人類處境有著相同的詮釋，而這種詮釋和一種非存在的詮釋相衝突。後者斷言人是能夠在知識和生命中超越有限性、疏離和人類生命的曖昧性。黑格爾的體系是本質主義的古典表述。當齊克果甩開黑格爾的本質體系時，他做了兩件事：一是宣示一種存在的態度，一是發起一套存在的哲學。

他意識到我們只可能用一種無限關切的態度，即一種存在的態度，才有望獲得我們無限關切的事物的知識。與此同時，他發展出一套人的學說，用焦慮和絕望描述人從自己本質的疏離。處於有限性和疏離此一存在處境的人，只有靠著一種存在的態度才能觸及真理。「人不是坐在上帝的寶座上」，分享上帝對一切事物的本質性認識。也就是說，人無法擁有高於有限性和疏離的純粹客觀性，他的認知功能就像他的整個存有一樣，是存在的受到他整個存有的制約。這就是「存在的」兩種意義的關聯性。

存在主義觀點

我們現在轉向不是做為「態度」，而是「做為內容的存在主義」，便能夠提出三種意義的存在主義：（一）做為一種觀點的存在主義；（二）做為抗議的存在主義；（三）做為表達的存在主義。

「存在主義觀點」大部分出現在神學作品中，也出現在許多哲學、藝術和文學作品中。但它始終是一種觀點，有時還不被視為觀點。在一些分散的先驅出現過之後，「做為抗議的存在主義」在一九三〇至一九六〇年代變成了自覺性的運動，從而在很大程度上決定了二十世紀的命運。「做為表達的存在主義」是第二次世界大戰期間，懷疑及無意義感焦慮大盛時期的哲學、藝術和文學的特徵。它是我們自己處境的表達。

這裡可以舉幾個「存在主義觀點」的例子。最典型、同時也是對所有形式存在主義的發展具有決定性影響的，是柏拉圖。在效法奧菲斯（Orphic）對人類困境所做的描述中，他主張人的靈魂已經和人在純本質領域的「家園」分隔了開來。人和他的本質性所是疏離了。他在短暫世界中的存在抵觸他對永恆的理念世界的本質性參與。這個道理是用神話的語言來表達，因為存在抗拒概念化。只有本質的領域可以接受結構分析。每當柏拉圖利用神話來說明時，他都是描述一個人的本質性存在是怎樣變成了存在上的疏離，以及後者是如何回歸前者。柏拉圖對本質領域和存在領域的區分，為後來的一切發展奠定了基礎，甚至在今日的存在主義一樣是以之為背景。

另一個「存在主義觀點」的例子是有關沉淪、罪和救贖的經典基督教教義。它們的結構和柏拉圖的區分類似。就像柏拉圖一樣，人的本質和其世界的特性是善的。基督教會認為它們是善的，是因為它們乃上帝所創造。但人的本質性的善或被創造的善性已經喪失。沉淪和罪不只汙染了他的倫理性質，還汙染了他的認知性質。他受制於存在的衝突，而他的理性也擺脫不了這些衝突。但正如柏拉圖認為，即使在最疏離的人類生命形式中一樣保存著超歷史的記憶（transhistorical memory，編按：柏拉圖的哲學裡，靈魂在出生前就曾見過真理與理念的世界，而我們在現世中對真理的認知，其實是一種「記憶」，這種回憶超越了歷史時間的範疇）；基督教也認為，人和其世界的本質結構透過上帝的支撐性和指引性創造力而得以保存下來。這不僅讓某些「善」得以可能，還讓某些「真」得以可能。只因為這樣，人才能夠認識其存在困境中的衝突，才能夠指望恢復他的本質性地位。

＊＊＊

柏拉圖主義和經典的基督教神學都有著「存在主義觀點」，決定了它們對人類處境的理解，但它們都不是嚴格意義的存在主義。「存在主義觀點」是在它們的本質主義存有論的框架內起到作用。這道理不僅適用於柏拉圖，也適用於奧古斯丁，儘管他的神學比起基督教初期其他任何神學家對人類困境的消極方面都有更深的洞見，也儘管他不得不反對伯拉糾（Pelagius）的本質主義派道德主義（essentialist moralism）以捍衛他自己的人的學說。

沿用奧古斯丁對人類困境的分析時，我們注意到：修道士和神祕主義者的自我審視帶來了大量深層心理學的材料。這些材料進入神學，成為了談論人的受造性、罪和成聖問題之所本。它們也出現在中世紀對於妖魔的理解，而且受到告解師的利用（特別是在修道院裡）。深層心理學和存在主義今日討論的很多材料，中世紀的宗教「分析師」其實都知道。宗教改革家們（特別是路德）也知道這些材料。路德有關善的曖昧性、著魔的絕望和上帝寬恕的必要性等辯證描述，都可溯源至中世紀對與上帝相關聯之人類靈魂的探尋。

中世紀對於「存在主義觀點」最偉大的詩性表述，是但丁的《神曲》。它就像修道士的宗教性深層心理學那樣，停留在經院哲學存有論的框架內。不過，在這些限制中，它除了進入勇氣與救贖的頂峰，也進入自我毀滅和絕望的深淵，以詩的象徵給了我們一種包羅一切關於人的存在學說。文藝復興一些藝術家在他們的素描和油畫中，預示了晚近的存在主義藝術。妖魔的主題吸引到了博斯（Bosch）、勃魯蓋爾（Breughel）、格呂內瓦爾德（Grünewald）、西班牙人和南義大利人還有很多其他人的興趣，表達出對人類處境的存在主義理解（一個例子是勃魯蓋爾的「巴別塔」系列）。但他們沒有一個能完全打破中世紀的傳統。他們擁有的是存在主義觀點，不是存在主義。

在談及個人主義於近代的興起時，我談到過唯名論把共相打破為個別事物之舉。唯名論的這一方面預示了晚近存在主義的一些基調。這些基調的其中之一是非理性主義，它根植於本質哲學的崩潰，是受到鄧・司各脫（Duns Scotus）和奧卡姆（Ockham）攻擊的結果。強調一切存在之物的偶然性，讓上帝的意志和人的存有同樣變得偶然。它讓人感覺他自己乃至他的世界都斷然缺乏終極必然性，這讓他相應的產生了焦慮。存在主義被唯名論所預示的另一個基調，是逃避到權威之中，這是共相的瓦解和孤立的個人沒有能力發展出「做為一己存在的勇氣」所造成。所以，唯名論者架起了通向教會專制主義的橋梁，這種專制主義凌駕於中世紀早期和後期的一切事物之上，產生出近代天主教的集體主義。不過即使如此，唯名論仍然不是存在主義，儘管它是「存在主義式做為一己存在的勇氣」的最重要先驅之一。它仍沒有跨出這一步，因為就連唯名論也不打算掙脫中世紀的傳統束縛。

那麼，在「存在主義觀點」還沒有突破本質主義的架構時，存在的勇氣究竟是什麼呢？總的來說，它是「做為部分存在的勇氣」。但這個答案並不充分。凡是有存在主義觀點的地方，個人都會經驗到人類處境的難題。

柏拉圖在《高爾吉亞篇》（*Gorgias*）的結論部分，將一些人帶到冥界判官拉達曼提斯（Rhadamanthus）的面前，讓他判決這些人是正義還是不義。在古典基督教中，永恆的判決是關於個人的；在奧古斯丁，原罪的普遍性並沒有改變個人永恆命運中的二元性；修道士和神祕主義者的自我反省是關於個體自我；但丁根據個人的不同性格，把他們放在實在界的不同區域；描繪妖魔的畫家讓人感覺個人在世上是孤單的；唯名論有意識的把個體孤立起來。

儘管如此，在所有這些情況中的勇氣都不是「做為一己存在勇氣」。在每一種情況中，都有一個涵蓋一切的整體，存在的勇氣是從中衍生出來的。這些整體分別是天界（heavenly ealm）、上帝的國（Kingdom of God）、神恩（divine grace）、現實的天意結構（providential structure of reality）和教會的權威。不過這不是返回尚未破裂的「做為部分存在的勇氣」。它更多是一種向前或者向上推進，去到那個同時超越「做為部分存在的勇氣」和「做為一己存在的勇氣」的勇氣源頭。

存在主義觀點的喪失

十九世紀的存在主義革命，是對始自近代初期的存在主義觀點喪失的一種反作用。雖然由庫薩的尼各老（Nicholas of Cusa）、佛羅倫斯學院和早期文藝復興繪畫所代表的文藝復興第一階段，還受制於奧古斯丁傳統，但文藝復興後期卻掙脫了這個傳統，創造出一種全新的科學性本質主義。

以笛卡兒來說，反存在主義觀點的偏見最是明顯。就像胡塞爾構想的那樣（他的「現象學」方法是衍生自笛卡兒），人和其世界的存在被放入「括弧」裡。人變成了純粹意識，一個赤裸裸的認知主體；世界（包括人的心身性存有）成為了科學探究和技術管理的對象。身在存在困境中的人消失了。因此，晚近哲學的存在主義才會指出，在笛卡兒的「我思故我在」的「我在」（sum）的背後，還存在「我在」性質的問題有待解決：「我在」並不僅僅是「思」（意識），而是還存在於時空之中並處於種種有限性和疏離的狀況之下。這種看法是很有道理的。

新教對於存有論的拒斥，似乎是對存在主義觀點的重新強調。事實上，新教把教義簡化為人的罪和上帝寬恕的對峙，以及這一對峙的預設和意涵，都是有利於存在主義觀點。只不過有一個決定性的局限性：與中世紀修道士的自我反省一起被發現的大量存在主義材料消失了，但不是從宗教改革家們的手上消失，而是從他們追隨者的手上消失，後者強調的是因信稱義和救恩預定論的信條。

新教神學家們強調上帝審判的無條件性和寬恕的自由性，而對人的存在的分析抱持懷疑，他們對人的處境所呈現的相對性和曖昧性不感興趣，深信對這些問題的思考只會削弱標誌著人神關係，那種特殊的「絕對的信或不信」。新教神學家這種非存在主義觀點造成的結果是：《聖經》福音中的種種教義概念被做為客觀的真理來傳講，卻沒有企圖把訊息傳達給在身與心、心理與社會的相互作用中實際存在著的人（而在受到了十九世紀晚期社會運動和二十世紀心理學運動的壓力之後，新教才對當代處境中的存在問題變得較為開放）。

***

在喀爾文派和宗派主義觀點中，人變成愈來愈抽象的道德主體，一如被笛卡兒視為認知主體一樣。在十八世紀，當新教倫理學的內容適應了新興的、要求用理性支配人本身及其世界的工業社會時，反存在主義哲學便與反存在主義神學匯流。理性的主體（道德和科學的主體）取代了存在的主體，以及這個主體的衝突和絕望。

這個發展的領導者之一是鼓吹道德自律的康德。他在他哲學中的兩處給存在主義保留了位置。一處是在他關於有限的人與終極實在之間的距離學說，另一處是他關於人的理性被極端惡（radical evil）所扭曲的學說。但正是由於這些存在主義觀念，他受到很多他的仰慕者攻擊，最大名鼎鼎的兩位批評者是歌德和黑格爾。這兩位批評者骨子裡都是反存在主義者。

黑格爾因為試圖用本質體系來解釋所有實在（現存世界被認為是本質體系的表現），遂使得現代哲學的本質主義趨勢被推上了巔峰。存在被分解成為了本質，如其然的世界是合理的。存在是本質的一種必然表現。歷史是本質存有於存在狀態下的展現，它的走向是可以被理解和被證明為正當。絕對心靈（Absolute Spirit，編按：整個宇宙與人類歷史中，精神實現自我、認識真理的最高境界）在普遍過程中實現自己，而那些參與了這個過程的人可能獲得征服個體生活中種種否定性的勇氣。透過把不同程度的意義提升到最高點，也就是得出對普遍過程的哲學直觀，對命運、罪疚和懷疑的焦慮將可得到克服。黑格爾設法把「做為部分存在的勇氣」（特別是「做為國家一部分存在的勇氣」）和「做為一己存在的勇氣」（特別是「做為思想家存在的勇氣」）統一成為超越二者和有著神祕背景的勇氣。

然而，如果因此忽視了黑格爾哲學中的存在主義成分，便是有所未見。這些成分比人們通常承認的要多得多。首先，黑格爾曉得有「非存有」的存有論存在。否定是其體系動力，會把絕對觀念（本質領域）推向存在，同時又把存在推回到絕對觀念（在這一過程中，絕對觀念把自己實現為絕對心靈或精神）。黑格爾曉得非存有所包含的神祕和焦慮，但他把它納入存有的自我肯定中。

黑格爾的第二個存在主義成分，在於他主張在生命中沒有激情和興趣就不能取得偉大的成就。他為《歷史哲學》所寫的導言顯示出，他完全了解浪漫主義者與生命哲學家對人性非理性層次的洞察。

黑格爾哲學的第三個存在主義成分（它就像另外兩個成分一樣對他的存在主義敵人影響深遠），是對歷史過程內的個人困境所做出的現實主義評價。他指出，歷史不是個人實現幸福的場所。這種觀點可能意味著，個人必須使自己超拔於普遍過程之上，以達到直觀哲學家的境界，又或者意味著個人的存在問題並未獲得解決。這就是存在主義對黑格爾和反映在他哲學裡的世界提出抗議的基礎。

做為造反的存在主義

對黑格爾的本質主義哲學的抗議，是透過黑格爾哲學自己的存在主義成分的幫助而達成的，儘管這些成分是被壓抑的。第一個領導這種存在主義攻擊的是黑格爾原先的朋友謝林，黑格爾早年曾依賴過他。謝林晚年提出了所謂的「積極哲學」（positive philosophie），其中多數概念都被十九世紀的反存在主義者所採用。他稱本質主義為「消極哲學」（negative philosophy），因為它是對真實存在進行抽象的結果。他又稱「積極哲學」為歷史處境中的經驗思考和下決定的個人思想。他是第一個使用「存在」一詞來與哲學上的本質主義抗衡的人。雖然他的哲學因為利用存在主義語彙來重新詮釋基督教神話而受到拒斥，但受他影響的卻不乏其人。其中最重要的是齊克果。

叔本華以唯意志論的思想傳統，做為他的反本質主義思想的武器。他重新揭示了靈魂和人存在困境的特徵，這些特徵一直為近代本質主義思想所掩埋。與此同時，費爾巴哈（Feuerbach）強調了人的存在的物質條件，而且用人的欲望推導出宗教信仰——那是一種在人類對有限性的焦慮中，通往超越世界的精神寄託。施蒂納（Max Stirner）寫過一本書，用一種會摧毀人與人之間任何溝通的實踐上唯我論（solipsism），來表達「做為一己存在的勇氣」。馬克思把人的現實存在放在早期資本主義體系之中來考察，以此鮮明對比於黑格爾關於人是在現存世界中與實現自我和解的本質主義描述。就此而言，他是屬於存在主義造反者的陣營。

最重要的一個存在主義者是尼采。在他對歐洲虛無主義的描述中，人的存在陷入了絕對的無意義。生命哲學家和實用主義者（狄爾泰、柏格森、齊美爾、詹姆斯）設法從先於主客體的範疇——「生命」（life）——推導出主客體的分裂，把客體化世界詮釋為創造性生命的一種自我否定。十九世紀最偉大的其中一位學者韋伯描述，一旦技術理性取得支配權，生命會如何悲劇性的自毀。在十九世紀末期，這一切還只是抗議，大環境本身沒有顯著變化。

自十九世紀最後二十年起，對客體化世界的反抗決定了藝術與文學的特徵。雖然偉大的法國印象主義畫家強調主觀性，但並沒有超越主觀與客觀的分裂，只是把主觀本身視為一個科學的對象。這樣的情形到了塞尚、梵谷和蒙克而有所改變。

自此而後，存在的問題出現在讓人不安的藝術表現形式裡。存在主義的革命，在它的所有階段都產生出極大量的心理學材料。存在主義革命家們——波特萊爾和蘭波的詩歌、福樓拜和杜斯妥也夫斯基的小說、易卜生和史特林堡的戲劇——都在人類靈魂的荒漠和叢林裡有大量發現。他們的洞見被十九世紀末開創的深層心理學所證實，並有系統的組織起來。隨著一九一四年七月三十一日的到來（譯注：第一次世界大戰爆發日），十九世紀落幕，存在主義革命不再是革命，變成了被體驗實在的映射。

＊＊＊

驅使十九世紀的存在主義革命分子發起攻擊的，是一種無限喪失的威脅，即喪失個體自我的威脅。他們意識到一個把人變成物的過程正在進行著。這過程把人轉變成為理論科學可以計算和技術科學可以控制的碎片。資產階級思想中的觀念論讓人成為一種容器，普遍事物能在其中找到一個多少適當的位置。而資產階級思想中的自然主義則把人視為一片空白的場地，感覺印象可以進駐其中並依其強烈程度進行主宰。在這兩種情況下，個體自我都是一個空洞的空間，承載著不是他自己的東西，承載著讓自我疏離於自身的某種陌生東西。觀念論和自然主義在對待存在著的人的態度上是相同的。兩者都取消了人的無限豐富的意義，讓人成為一個僅供他物經過的空間。兩種哲學都表述了一種這樣的社會：這種社會是為人的解放而設計，但又陷入了它本身所創造的客體枷鎖中。

為了保障安全，這種社會以運作良好的機器來控制自然，對人進行精煉的心理控制，又對社會進行急速增加的組織性控制。不過，這種安全是以高昂代價換取：本來這一切都是為服務人而發明出來的手段，但到頭來人卻變成了為手段服務的一種手段。這就是帕斯卡（Pascal）在十七世紀攻擊數學理性統治的背景，就是浪漫主義者在十八世紀晚期攻擊道德理性統治的背景，就是齊克果攻擊黑格爾思想中去個人化邏輯（depersonalizing logic）統治的背景。它也是馬克思批判經濟非人化（economic dehumanization）的背景，是尼采奮力爭奪創造性的背景，是柏格森對抗死物的空間領域的背景。也是在這個背景之下，大部分生命哲學家才會渴望把生命從自我客體化（self-objectivation）的破壞力中拯救出來。在自我愈來愈失落於其世界的狀況下，他們為保全個人而戰，為自我的自我肯定而戰。他們力圖在自我被物取代的狀況下為「做為一己存在的勇氣」指明道路。

4 今日的存在主義與絕望的勇氣

勇氣與絕望

出現在二十世紀的存在主義，體現了「存在的」一詞最生動和最咄咄逼人的意義。在這裡，存在主義的整個發展到達了它所無法超越的一個高點。在所有西方國家中，它已經變成了一種現實。它在人的精神創造活動的一切領域中表現出來，深入到所有受過高等教育的階級。它不是一個波希米亞主義哲學家或一個患有精神官能症的小說家的發明。它不是為了名利而創造的聳動誇張，不是有種種消極氣息的病態表演。所有這些成分它都包含，但它本身不是這些東西而是某種別的東西。它是焦慮和無意義感的表述，是企圖把焦慮納入到「做為一己存在的勇氣」。

晚近的存在主義必須從這兩點加以考慮。它不僅僅是理性主義類型、浪漫主義類型或自然主義類型的個人主義。與這三個預備階段的運動不同，它經驗過意義的普遍崩潰。二十世紀的人已經失去了一個有意義的世界，已經失去了一個生活在出自精神中心的意義自我。人所創造的客體世界把創造者捲入其中，讓人在它裡面失去了主體性。他把自己犧牲給了他的產品，但人仍然意識的到他失去了的東西或他正在繼續失去的東西。他仍然有夠多的人的成分，以致可以把他的非人化（dehumanization）體驗為一種絕望。他不知道出路何在，但他設法透過指出處境「沒有出口」來挽救他的人性。他帶著「絕望的勇氣」（courage of despair）來回應，那是一種承擔絕望的勇氣，是透過以「做為一己存在的勇氣」來抵抗非存有的極端威脅。每一個分析今日存在主義哲學、藝術和文學的人，都能夠指出它們的曖昧結構，它們包含：促使陷入絕望的無意義感、對這種處境的激昂譴責，以及把對無意義感的焦慮納入「做為一己存在的勇氣」的成功或不成功的嘗試。

不令人意外的，那些堅定表現出「做為部分存在的勇氣」的人（不管他們是集體主義者或齊一主義者），都受到存在主義「絕望的勇氣」所困擾。他們無法理解我們的時代正在發生什麼，也無法區分存在主義中的真實焦慮和精神官能性焦慮的差異。他們把對負面性（negativity）的勇敢接受，指責為對負面性的病態渴求；他們把對衰敗事物的創造性表現，斥責稱為衰敗；對那些揭示我們無意義處境的努力，也僅視為是一種無意義之舉。要了解那些在思想和藝術表現方面開創新路的人是困難的，但並不是這種通常的困難引起了對當今存在主義的普遍抵抗。導致這種抵抗的是保護那種畫地自限「做為部分存在的勇氣」的願望。

但不知為何，我們並沒有感到真正的安全。我們必須壓抑自己接受存在主義見解的傾向。我們喜愛戲劇和小說中表現的存在主義思想，但不會對它們嚴肅以待，不會真正認為它們是對我們存在的無意義和潛藏的絕望的揭示。齊一主義群體（美國民主社會）和集體主義群體（納粹和共產主義者）對現代藝術的激烈反對，顯示出它們感覺自己備受它的威脅。但我們卻沒有在精神上感受到某種異己成分的威脅。由於以削弱存有來對抗非存有是一種精神官能症的症狀，所以，存在主義者為了回應人們常常指控他們是精神官能症患者這一點，而指出：為求得傳統的安全而服務的反存在主義欲望，乃是一種精神官能性質的防衛機制。

基督教神學在這種處境中必須怎樣做？毫無疑問的，它應當選擇真理而不惜犧牲安全，因為安全是教會奉為神聖並支持的。從教會出現的一開始，基督教便斷然有一種齊一主義取向，而在教會歷史上的好幾個階段，基督教都有一種集體主義取向（或至少是半集體主義取向）。但基督教神學家不應該以此誤以為基督教的勇氣是「做為部分存在的勇氣」。他們應該明白，「做為一己存在的勇氣」是「做為部分存在的勇氣」的必要矯正，哪怕他們正確認定這兩種勇氣形式都不能提供最終的解決辦法。

當代文學藝術中「絕望的勇氣」

絕望的勇氣、無意義感的體驗，以及不理會此二者而做的自我肯定，全都展現在二十世紀的存在主義者身上。無意義感是他們所有人面對的難題，如同我們看到過的那樣，對懷疑和無意義感的焦慮是我們時代的焦慮。對命運和死亡的焦慮，還有對罪疚和天譴的焦慮，皆隱含其中，但不起決定性作用。當海德格談到人對自己死亡的預期時，他關心的不是不朽的問題，而是預期死亡對人類處境意義何在的問題。齊克果處理罪疚的問題時，觸動他的不是罪與寬恕的神學問題，而是人的存在從人的罪疚的角度看有什麼可能性。意義的問題困惑著當今的存在主義者，哪怕他們談的是有限性和罪疚的問題也是一樣。

在二十世紀推動著對意義的探求和對意義的絕望，是一件發生在十九世紀的決定性事件：上帝的消失。費爾巴哈用人心的無窮欲望來解釋上帝，由此讓上帝消失；馬克思把上帝解釋為一種超拔到現實之上的意識形態，由此讓上帝消失；尼采把上帝解釋為生存意志的弱化，由此讓上帝消失，於是出現了「上帝已死」的宣告。而且隨著上帝的消失，人曾經活在其中的整個價值和意義系統亦告崩塌。這使得人們同時感受到一種失去和一種解放。它要麼帶給人虛無主義，要麼帶給人承擔非存有的勇氣。大概沒有人比尼采對現代存在主義更有影響力，也大概沒有人比他更一以貫之卻也更荒謬的呈現出那種做為一己的意志。在尼采身上，無意義感變得讓人絕望和自毀。

＊＊＊

在這個基礎上，存在主義以及二十世紀的偉大藝術、文學和哲學作品，表現出一種敢於正視事物本來面目的勇氣、敢於表達對無意義感的焦慮的勇氣。那是一種創造性勇氣，出現在對絕望的創造性表現中。

沙特給他最有強有力的一齣戲劇取名《沒有出口》，該戲劇是對絕望處境的一個經典表述。但他自己卻有出口：他可以透過說「沒有出口」，而把無意義性的處境承擔起來。艾略特在他第一部偉大詩作《荒原》中，描繪了文明的解體、信念和方向的失去，還有現代意識的貧乏和歇斯底里（這是按照他一位批評家的分析）。但這首描寫荒原的無意義和表現絕望的勇氣的偉大詩篇本身，卻是一個精心栽種出來的詩之花園。

在卡夫卡的小說《城堡》（*The Castle*）和《審判》（*The Trail*）裡，他用一種純粹和經典的語言，來表達意義源頭的遙不可及和正義及慈悲源頭的晦暗不明。勇於承擔孤單和恐怖，這兩部小說是「做為一己存在的勇氣」的傑出寫照。人固然是與勇氣的源頭分開了，但沒有完全分開：他仍然能夠面對和接受這種分離。在奧登（Auden）的《焦慮的時代》（*Age of Anxiety*）中，勇於在一個失去了意義的世界中承擔焦慮的勇氣，就像對這種失去的深刻體驗同樣明顯：由「絕望的勇氣」一語所統一的這兩極，受到了同樣的強調。

在沙特的《理性年代》（*Age of Reason*）中，主角面臨了這樣一種處境：因為熱烈渴望成為自己，他拒絕為任何一種信念委身。他拒絕任何會限制他的自由的東西。沒有事情對他有終極意義，不管那是愛情、友誼還是政治。唯一不可改變的是那不受限制改變的自由（freedom to change），是維護這種無內容的自由。這位主角代表了「做為一己存在的勇氣」的最極端形式之一，擺脫了任何束縛，並以澈底的空虛為代價。透過這樣一個人物，沙特證明了自己有著絕望的勇氣。

卡繆在小說《異鄉人》（*The Stranger*）中從相反方向處理了同一個問題。卡繆站在存在主義邊緣，但他對無意義感的觀察就像存在主義者一樣銳利。他筆下的主角是個沒有主體性的人。這個主角在任何方面都不突出。他的行為與任何較低階級的普通官員行為毫無二致。他是一個局外人，因為他在任何地方都不能與他自己的世界建立存在的關係。在他身上發生的一切——一場並無真愛的愛情、一番不算審判的審判和一次毫無合理性的死刑——對他而言都是沒有任何實在性和意義可言。

他裡面沒有罪疚或寬恕，沒有絕望或勇氣。他不是被描繪為一個人，而是被描繪為一個完全受制約的心理過程，不管是在他工作、談戀愛、殺人、吃東西或睡覺時皆是如此。他是眾多物體中的一物，對自己沒有意義，也因此在他的世界裡找不到意義。它代表了所有存在主義者都反對的那種絕對客體化的命運。他以最極端的、無可調和的方式代表了這種命運。創造這人物時，卡繆所具有的勇氣不亞於卡夫卡創造K先生時所具有的勇氣。

再來看戲劇，也可以確認我們這一現象。戲劇舞台（特別是美國的戲劇舞台）充滿了無意義感和絕望的意象。在一些戲劇中，除無意義感和絕望以外更是別無所有。亞瑟·米勒的《推銷員之死》便是如此。在其他戲劇中，負面性並沒有表現得如此肆無忌憚。田納西·威廉斯的《慾望街車》便是如此。但很少有作品是正面性的：即使是內容相對積極的那些，也會被懷疑和明白所有解決方法都是曖昧的意識所動搖。

在一個盛行「民主式齊一」、盛行「做為部分存在的勇氣」的國家裡，這些戲劇竟然吸引到大量觀眾入場觀賞，確實讓人驚訝。這對美國和整個人類的處境意味著什麼呢？我們很容易會忽略這現象的重要性。

有人可能會指出，看舞台劇的人再多，也只占美國人口的極小百分比。也有人可能會把存在主義戲劇視為一種外來的、註定會很快消失的時髦，從而否定這種戲劇對許多人的吸引力所具有的重大意義。有可能是這樣，但不必然是這樣。也有另一種可能，這些相對少數的人（即使把我們高等院校裡所有憤世嫉俗者和絕望者加進去，數量還是不多）是一個先鋒隊，他們走在精神和社會—心理領域巨大改變的前頭。又或是還有另一種可能，「做為部分存在的勇氣」的局限性已為更多的人認識到。如果這就是存在主義在舞台上的感染力所具有的意義，那麼我們應該仔細的觀察它，防止它變成為集體主義形式的「做為部分存在的勇氣」的先驅——歷史已充分證明有這種威脅存在。

＊＊＊

對無意義感的體驗和對「做為一己存在的勇氣」的體驗二者相結合，便構成了本世紀開始以來視覺藝術發展的關鍵。在表現主義和超現實主義中，現實的表面結構被擾亂了。構成普通經驗的範疇已失去它們的力量。實體範疇消失了：堅實的物體被任意扭曲而變形；事物的因果依存性不被理會；事物以完全偶然的方式出現；時間順序不再有意義；某一事件是發生在另一事件之前還是之後已無關要緊；空間的維度被化約或分解為令人驚懼的無限性。生命的有機結構被分割成小塊，這些小塊又被武斷的（生物學而非藝術上的武斷）重新組合起來；畫出來的四肢不與軀幹相連而是散亂的分布在四周，色彩也離開了它們本應依附的自然載體。心理過程被顛倒（這情形見於文學要多於藝術）：人的生活不再從過去到未來，而是從未來到過去；沒有節奏或任何種類的有意義結構。

焦慮的世界是一個範疇，指的是「實在」結構失去有效性的世界。如果因果律突然停止發揮作用，每個人都會陷入混亂與迷失。在存在主義藝術中，因果聯繫已失去有效性。

現代藝術一直受到攻擊，被指控為種種極權主義體系的先行者。對此，如果我們反駁說一切極權主義體系，都是靠攻擊現代藝術起家的話是不夠的。因為人們可以說，極權主義之所以攻擊現代藝術，是要抵抗現代藝術表達的無意義感。真正的原因要更深一層。現代藝術不是一種宣傳而是一種揭示。它向我們表明我們存在的真正面貌，毫不遮蔽我們生活在其中那個現實的樣子。問題因此是這個：對一種處境的揭示就是在為它宣傳嗎？如果答案是肯定，那所有藝術都會變成不真誠的美化。事實上「極權主義」和「民主式齊一」兩者所宣傳的藝術都是一種不真誠的美化。那是一種理想化的自然主義，其之所以受到偏愛，是因為它把藝術的每一種批判和革命成分都消除了。現代藝術的創造者能夠看見我們存在的無意義，感受到它帶來的絕望。另一方面，他們有勇氣直面它，用畫作和雕塑把它表達出來。他們具有「做為他們自己存在的勇氣」（courage to be as themselves）。

當代哲學中「絕望的勇氣」

存在主義哲學為藝術與文學中所見的「絕望的勇氣」，賦予理論表達方式。海德格在《存有與時間》（*Sein und Zeit*）一書中（儘管他後來批判自己的這本書並撤回其中的觀點），用精確的哲學術語描述了「絕望的勇氣」。他仔細的闡述了非存有、有限性、焦慮、煩憂（care）、死的必然、罪疚、良知和自我參與等概念。然後他分析了他稱之為「決斷」（resolve）的現象。「決斷」的德文Entschlossenheit象徵一種打開的動作，即打開被焦慮、從眾和自我封閉所關閉起來的東西。一旦這些東西被解鎖，人就能夠行動，但不是根據任何人或物所規定的準則去行動。

對於有「決心」的個人行動，沒有人能夠發號司令——上帝、常規、理性法則、規範或原則都不能。我們必須當我們自己，我們必須決定往何處去。我們的良知是對自身的召喚。它並不會有具體的吩咐。它既不是上帝的聲音，也不是對永恆原則的知覺。它呼籲我們回到自身，擺脫常人的行為，擺脫日常言談，擺脫日常慣例，擺脫遷就（遷就是「齊一主義式做為部分存在的勇氣」的主要原則）。

但如果我們追隨這召喚，我們將不可避免變得內疚，但這內疚不是來自我們的道德軟弱，而是來自我們的存在處境。有了「做為一己存在的勇氣」之後，我們變得內疚，而我們被要求承擔這種存在的內疚。只有決心承擔對有限性和內疚的焦慮的人，才有能力面對無意義感的方方面面。對與錯已經沒有規範可言，已經沒有判準可言，是決斷讓對成為對。海德格的歷史作用在於他對「做為一己存在的勇氣」

所進行的存在主義分析比任何人都更詳盡，從歷史上看也更具破壞力。

＊＊＊

沙特從海德格的早期思想，得出了後期海德格所不願意接受的結論。但沙特得出的這些結論，從歷史的角度來看是否正確，還值得懷疑。沙特之所以要比海德格更容易得出這些結論，是因為海德格的存有論以存有這個神祕概念為背景，而這個概念對沙特來說是沒有意義的。沙特把海德格的存在主義分析貫徹始終，不受神祕主義囿限。這也是他為什麼成為了當今存在主義的象徵。這一地位是他當之無愧，不過理由不在他的基本概念新穎，而在他推進這些觀念時態度澈底、前後一貫和有著心理學的說服力。特別值得讚賞的是，他所提出的這一命題：人的本質就是他的存在。

這句話像一道閃光，照亮了整個存在主義舞台。我們可以說它是所有存在主義文獻中，最讓人絕望又最有勇氣的一句話。它說的是人沒有本質，唯一勉強可以稱得上是本質的性質，就是他可以讓自己變成他想要的樣子。人創造出自己的所是。

他本具的東西無一決定他的創造性。他的存有本質（他的「應有的樣子」）並非他的發現，而是他的創造。人就是讓自己成為自己的那個人。而「做為一己存在的勇氣」就是讓自己成為所想要樣子的勇氣。

還有一些觀點較不那麼激進的存在主義者。雅斯培（Karl Jaspers）用一種涵蓋一切的「哲學信仰」道出一種新的齊一性；其他人談所謂的「常青哲學」（philosophia perennis）；馬賽爾（Gabriel Marcel）從一種存在主義激進主義（existentialist radicalism）的立場，轉往以中世紀半集體主義思想為基礎的立場。但總的來說，海德格和沙特在哲學上存在主義的代表性，比任何其他人來得大。

在非創造性存在主義態度中「絕望的勇氣」

我在以上幾節已經談論過一些有創造性勇氣的人，他們的創造性勇氣讓他們能夠表達存在性絕望。有創造性的人並不多，而且還有一種稱為犬儒主義的非創造性存在主義態度。今日的犬儒主義者和古希臘人所指的犬儒主義者並不相同。對古希臘人來說，犬儒主義者是在理性和自然法則的基礎上，對同時代文化進行批評的人，他們是變革性的理性主義者，是蘇格拉底的追隨者。

現代犬儒主義者不打算追隨任何人，他們不信奉理性，沒有真理的判準，沒有價值體系，沒有意義問題的答案，他們設法推翻一切擺在他們面前的規範，他們的勇氣不是以創造性而是以生活方式來表達。任何解方，只要是會剝奪他們想拒絕什麼就拒絕什麼的自由，他們就會勇敢的加以拒絕。犬儒主義者是孤單的，儘管他們需要同伴來顯示他們的孤單。他們同時沒有初步的意義和終極的意義，因此很容易成為精神官能性焦慮的受害者。很多強迫性的自我肯定和很多狂熱的自我捨棄，都是「做為一己存在的勇氣」非創造性形式的表現。

「做為一己存在的勇氣」的局限性

「做為一己存在的勇氣」不論是非創造性形式或創造性形式，都存在局限性。勇氣是具有「不理會」性質的自我肯定，而「做為一己存在的勇氣」是對自我本身的自我肯定。但我們必須有此一問：這個肯定自己的自我是什麼？激進的存在主義這樣回答：是它把自己打造成的樣子。激進存在主義所能說的就這麼多，因為再多一點就會限制自我的絕對自由。自由一旦切斷它對世界的參與，就會變成一個空殼，成為純粹的一種可能而已。自我因為有生命，它必須行動，但它必須重做每個行動，因為行動會把它捲入到承受它行動的東西中。自我給予內容，因為這個緣故，它限制了它把自己打造成它想要樣子的自由。

在天主教和新教的古典神學中，唯有上帝有此特權：祂是「自有」（a se），或即擁有絕對自由。祂裡面的一切無不是祂自己創造。存在主義基於「上帝已死」這一消息，把神的「自有性」（a-se-ity）賦予給人。基於此，人裡面的一切無不是人自己創造。但人是有限的，他是做為他自身而被給予他自己的。他在取得他存有的同時，也取得了其存有的結構，包括有限自由的結構。而有限的自由並不是自有性。只有當人肯定的不是一個空殼（即一種單純的可能性），而是他在行動與非行動以前便發現自己身在其中的存有結構，他才能肯定自己。

有限的自由有一個確定的結構，如果自我設法踰越這個結構，他到頭來就會落得失去自己。沙特的《理性年代》中主角被困在一個偶然性的網羅之中（困局），這網羅部分是來自他自我的潛意識層次，部分是來自他不能抽身的環境。他那個自以為空虛的自我受到充滿它的內容所奴役，原因正是他不知道或不接受它們是內容。就像前面說過的，犬儒主義也是如此。他們無法逃離自我的力量，這力量有可能會迫使他們完全失去他們想保有的自由。

在二十世紀極權主義對十九世紀造反性存在主義的反動過程中，「做為一己存在的勇氣」激進形式中的這種辯證性自毀，在全球皆有發生。存在主義對非人化和客體化的抗議，連同它的「做為一己存在的勇氣」，被轉變成為了人類歷史上最精密和最壓迫性的集體主義形式。我們時代的一大悲劇是馬克思主義——其本意是為所有人帶來解放——被扭曲成為一個奴役所有人（包括奴役他人的人）的體系。在心理上所造成的破壞而言，這場災難深重得難以想像——在知識分子中間尤其如此。無數人身上「存在的勇氣」瓦解了，因為這裡的勇氣是指十九世紀革命運動意義下的勇氣。在其崩潰之後，這些人要麼轉向新集體主義體系，透過狂熱而神經質的反對展現他們的悲痛失望，要麼是對所有體系和一切內容表現出犬儒主義—精神官能式的漠不關心。

同樣的情形也出現在，從「尼采式做為一己存在的勇氣」變形成為法西斯─納粹式新集體主義的過程。這些運動所產生的極權主義機器，幾乎體現了「做為一己存在的勇氣」所反對的一切。它們用盡一切手段，以求這樣一種勇氣不可能存在。不同於共產主義的是，法西斯─納粹體系已經瓦解，留下的後果是混亂、冷漠和犬儒主義。正是在這樣的土壤上，渴望權威和新集體主義的情緒得以滋長起來。

＊＊＊

在前面兩章，分別討論了「做為部分存在的勇氣」與「做為一己存在的勇氣」。這些討論顯示，如果把前者激進的貫徹下去，會導致自我消失在集體中；但如果把後者激進的貫徹下去，則會導致世界消失在存在主義中。這驅使我們進入全書最後一章的問題：有沒有一種勇氣，是超越這兩種勇氣且把二者統一起來的呢？

一張表，看懂「做為一己存在的勇氣」

「做為一己存在的勇氣」是指當個體面對焦慮、無意義或社會壓力時，仍勇敢的接受自己的獨特性，不依附外在標準來尋求認同。包含拒絕盲從、接受自身有限性，並透過自我決斷來確立自身價值。

- **積極面**：維持自我獨特性，避免因外界壓力而失去價值，並透過自我選擇展現創造力與自由意志。
- **消極面**：若過度強調個體獨立性，可能導致孤立與疏離；此外，拒絕外在權威則可能會陷入道德相對主義，最終變成虛無主義。

社會模式	定義	「做為一己存在的勇氣」的表現
現代個人主義	強調個體的自我肯定，不考慮對世界的參與，從集體主義與半集體主義發展而來，最終成長於民主式齊一的框架內	依靠理性進行自我肯定，拒絕非理性權威，克服無意義與罪疚的威脅。但當走向極端，可能導致新的齊一性，削弱社會個體性
浪漫主義與自然主義	浪漫主義強調個體獨特性與創造性，視個體為宇宙的縮影，認為差異性才是真理。自然主義則將個體視為宇宙意志或生命力的具現	肯定自己的獨特性，並接受個人天賦的要求。但浪漫主義可能導致對參與的排斥，最終回歸集體的渴望。自然主義則強調個體與宇宙的聯結，如尼采的權力意志
存在主義	存在主義認為個體必須在無意義與焦慮中肯定自身存在，並透過自身選擇來決定自己的本質	不依賴外部標準，而是在承擔焦慮與無意義的同時，透過自由選擇肯定自我，如海德格的「決斷」與沙特的「存在先於本質」。極端化可能導致個體的孤立與虛無
絕望的勇氣	當存在主義進一步發展為「絕望的勇氣」，即個體在意識到無意義後，仍選擇承擔絕望並進行自我肯定	文學與哲學表現個體對焦慮與無意義，如卡夫卡的《審判》、沙特的《沒有出口》、卡繆的《異鄉人》。既揭露無意義，也試圖在無意義中找到意義

第六章

勇氣與超越：接受「接受」的勇氣

“存在的勇氣的最終形式是——
「接受『接受』的勇氣」。”

從第一章至第五章，我們看到各種勇氣的形式：
對抗焦慮的勇氣、透過意義賦予存在價值的勇氣、以及個體化與群體參與的平衡。
然而，本章揭示了終極的勇氣，並不在於對抗焦慮，
而是在於完全接受自身的不確定性與脆弱，甚至接受無意義本身。

勇氣就是不理會「非存有」而對「存有」做出自我肯定。它是個體自我把對「非存有」的焦慮承擔起來的行為，承擔方式可以是把自己肯定為整體的部分，也可以是肯定為個體的自我。勇氣總是包含著一種風險：它總是受到「非存有」的威脅。要麼可能喪失自己變成事物總體中的一物，要麼在空洞的自我關聯（self-relatedness）中失去自己的世界。勇氣需要存有的力量（power of being），這種力量超越「對命運和死亡的焦慮」、「對無意義和空虛感的焦慮」、「對罪疚和天譴的焦慮」中經驗到的非存有。

把這三重焦慮納入自身的勇氣，必須扎根於一種比一己和一己世界力量更大的存有力量。「做為部分的自我肯定」和「做為一己的自我肯定」，都沒有能不受非存有的多重威脅。被認為是這類勇氣代表人物的人，之所以試圖超越他們自己、超越他們參與其中的世界，就是為了發現「存有自身」的力量，和一種超越非存有威脅的「存在的勇氣」。

這條規則沒有例外，而這表示每一種「存在的勇氣」，都有一個或顯或隱的宗教根源。因為宗教乃是「存有自身」的力量所掌握的存有狀態。在有些個案中，宗教根源會被小心掩蓋著，而在另一些情況，人們又堅決否認其存在。它有時深深隱藏著，有時浮於表面，但它總不會完全缺席。這是因為只要是存在之物都參與到「存有自身」之中，而每個人都多少意識到這種參與，尤其是當他經驗到來自非存有的威脅時。如此一來，我們便面臨著需要考慮的雙重問題：「存在的勇氣」是怎樣扎根在「存有自身」之中的，以及我們應該如何根據存在的勇氣來理解「存有自身」？第一個問題，把存有根基做為「存在的勇氣」的泉源；第二個問題，則把「存在的勇氣」做為理解存有根基的關鍵。

1 存在的勇氣的「存有力量」

神祕主義體驗和存在的勇氣

由於人與其存有根基的關係，必須以存有結構的象徵來表達，因此「參與」和「個體化」這兩極，就決定了這種關係的特殊性質，就像這種關係也決定了「存在的勇氣」的特殊性質。如果「參與」占有支配地位，人和「存有自身」的關係就會帶有神祕主義特徵。如果「個體化」占有支配地位，人和「存有自身」的關係就會帶有個人特徵。如果這兩極都被接受和被超越，人和「存有自身」的關係就會帶有信仰的特徵。

在神祕主義中，個體自我追求以同一的程度參與到存有的根基中。對此，我們要問的不是這目標是否可能為一個有限的存在物所達成，而是神祕主義如何成為

「存在的勇氣」的泉源。我們提到過斯賓諾莎體系的神祕主義背景，提到過他怎樣從人所「參與」其中的神聖實體的自我肯定，而推演出人的自我肯定。以類似的方式，所有神祕主義者都是從他們與之結合的「存有自身」的力量，取得自我肯定的力量。但有人會問：勇氣和神祕主義真的可以統一起來嗎？

例如，在印度，勇氣被認為是武士階級的美德，而武士的地位要比婆羅門或苦行僧低一等。神祕主義式同一超越了勇於自我犧牲的貴族式美德。它是一種更高、更澈底和更激進的自我捨棄。它是完美形式的自我肯定。但如果真是這樣，它便是廣義而非狹義的勇氣。在苦修中感到極樂的神祕主義者肯定他自己的本質性存有，無視存在於有限世界——「幻」（Maya）的領域——的非存有成分。抵抗表象的誘惑需要極龐大的勇氣，展現在這種勇氣中的存有力量是那麼巨大，連諸神也要為之顫慄。

神祕主義者力圖穿透存有的根基，在這樣做的時候，他們肯定了和「梵」（Brahman）的力量同一的本質性自我，相對的，那些仍被「幻」所束縛而肯定自身存在者（無論是動物、人類，甚至諸神）所肯定的，並非他們的真我。這讓神祕主義者的自我肯定超拔在貴族—武士所擁有的、做為特殊美德的勇氣之上，但他們沒有完全超拔在勇氣之上。從有限世界的觀點來看，這是自我否定的東西；從終極存有的觀點看，則會是最圓成的自我肯定、最激進形式的勇氣。

透過這種勇氣的力量，神祕主義者克服了對命運與死亡的焦慮。既然處於時空與有限性中的存有最終是不真實的，那麼這一個存有發生的各種變遷與終止，以及這一存有的非存有也同樣是不真實的。「非存有」不再是威脅，因為說到底，有限的存有就是非存有。死亡是對消極之物的否定，是對積極之物的肯定。以同樣方式，對懷疑與無意義感的焦慮也被納入神祕主義的「存在的勇氣」中。懷疑是針對存在的一切而發，而根據萬物的虛幻性格，一切都是可疑的。懷疑揭開了「幻」的面紗，瓦解了種種反對終極實在的觀念。而這種顯現方式並沒有被置於懷疑之下，因為它是每個懷疑行為的前提。沒有對真理本身的意識，對真理的懷疑便是不可能的。既然終極的意義不是某種確定的東西，而是一切確定意義的深淵，對無意義感的焦慮遂得以被征服。

神祕主義者進入、經歷和離開實在的不同層次，在這過程中一步一步體驗到意義的闕如。然而，只要他繼續在這條路上往前走，他對罪疚和天譴的焦慮也就被征服了。它們並未真正消失。他在每一個層次上都仍可能感受到罪疚，一部分是因為未能完全實現該層次的內在要求，另一部分是因為他未能跨越該層次。但只要最終圓成（final fulfillment）的確定性有所保證，對罪疚的焦慮就不會變成對天譴的焦慮。根據因果報應的法則，懲罰是自動執行的，但亞洲的神祕主義裡，並不存在一個外在的「天譴」概念。

神祕主義境界能維持多久，神祕主義式勇氣就能維持多久。它的極限是存有與意義的空虛狀態，還有它的恐怖與絕望，這些都是神祕主義者所描述過。在這些時刻，「存在的勇氣」被化約為對這種狀態的接受，做為透過黑暗迎來光明、透過空虛達到豐盈的手段。只要存有力量的闕如被感受為絕望時，存有力量就會讓自己透過絕望被感受到。體驗和忍受這個就是神祕主義者在空虛狀態中的「存在的勇氣」。儘管表現為極端否定和極端肯定的神祕主義都較為罕見，但這種基本態度、這種追求和終極實在的同一、這種把隱含在有限性中的非存有承擔起來的勇氣，是大部分人類接受的生活方式，他們受到這種生活方式所形塑。

不過，神祕主義不只是人與存有的根基所形成關係的一種特殊形式。這種關係的所有形式都有著神祕主義成分。由於存在的一切都參與了存有力量，做為神祕主義基礎的同一性成分必然存在於任何宗教經驗。凡是存有的根基及其克服非存有的力量沒有起作用之處，有限的存在物就不可能做出自我肯定，也不可能出現存在的勇氣。對這種力量的體驗乃是神祕主義成分，即使是在人與上帝的單獨互動中也是一樣。

人神互動與存在的勇氣

在宗教體驗中，個體化的一極表現為人與上帝的個人互動。由此而得到的勇氣，是「確信的勇氣」（courage of confidence），即確信宗教經驗中出現的人格實在（personal reality，譯注：指把上帝經驗為「個人」）的勇氣。與神祕主義式合一不同，我們可以把這一關係稱為與勇氣源頭的個人交流。儘管這兩種類型的關係形成對比，但它們並不互相排斥。因為兩者統一在「個體化」和「參與」這兩極的相互依存之中。

「確信的勇氣」常常被等同於「信仰的勇氣」（courage of faith），在新教尤其如此。但這種等同並不完全適當，因為確信只是信仰的一個成分。信仰兼含神祕主義的參與和個人確信。《聖經》大部分篇幅都用強烈的個人主義（personalist）筆觸來描述宗教互動（譯注：指上帝與人的互動）。而聖經主義（尤其是宗教改革家們的聖經主義）特別強調這一點。路德瞄準羅馬教會制度的客觀化、量化和非個人化成分進行攻擊。他為了建立上帝與人之間這種個人對個人的直接關係而奮戰。在路德身上，「確信的勇氣」在基督教思想史上達到最高峰。

路德的全部著作（特別是早期著作）充滿這一類勇氣。他一次又一次使用「不理會」這個字眼。不理會他所經驗到的種種否定性，不理會在該時代占主導地位的焦慮，從對上帝不可動搖的確信、與上帝的個人性互動中，產生出自我肯定的力量。根據他那個時代對焦慮的表述，他的勇氣必須去征服的否定性，是以死亡和魔鬼形象做為象徵。人們正確的認為，丟勒（Albrecht Dürer）的銅版畫《戰士、死神與魔鬼》經典的表現了路德派宗教改革的精神，還表現出路德的「確信的勇氣」、特有的「存在的勇氣」形式。畫中，全身甲冑的騎士正騎馬穿過山谷，死神和魔鬼隨行在他兩旁。但他一無所懼，專心致志且信心滿滿的望著前方，他孤身一人卻不孤單。他在獨自一人的狀態中，參與了給他勇氣去不理會存有的種種否定性而自我肯定的那種力量。他的勇氣斷然不是「做為部分存在的勇氣」。

宗教改革掙脫了中世紀的半集體主義。路德的「確信的勇氣」是一種個人的確信，來自於與上帝的個人對個人互動。沒有教宗或教會可以賦予他這種確信，所以他必須拒斥他們，這是因為他們仰賴的教義會導致「確信的勇氣」窒息。他們認可一個從沒有完全征服對死亡和罪疚焦慮的系統。這系統裡有許多保證，但沒有確定性，有對「確信的勇氣」的支持，但沒有不容質疑的基礎。集體提供了各種不同的方式去抵抗焦慮，但沒有提供個人自己去承擔焦慮的方法。他從來無法確信；他從來不能以無條件的信心去肯定自己的存有。這是因為他從來不能用他的整個存有去直接和無條件者（the unconditional）互動，產生直接的個人關係。除非在神祕主義中，否則上帝和靈魂總是以教會為中介，所以只有間接和部分的接觸。

當宗教改革取消了這個中介，打開了一條通往上帝直接的、全面的個人性道路時，一種新的、非神祕主義式的「存在的勇氣」便成為可能。這種勇氣展現在富於戰鬥性格的新教英勇代表人物身上，既見於喀爾文派的宗教改革，也見於路德派的宗教改革，但其中以喀爾文派更為顯著。這種勇氣不是勇於殉道、反抗權威和改革教會或社會的結構，而是勇於確信。這種勇氣使他們英勇無畏，也是他們勇氣的其他表現形式的基礎。也許可以說（自由派的新教就常常這樣說），宗教改革家們的勇氣是「個體主義式做為一己存在的勇氣」的開端。

不過，這樣的詮釋混淆了事情自身和其可能的歷史效果。在宗教改革家們的勇氣中，「做為一己存在的勇氣」是同時被肯定和被超越。與神祕主義的英勇自我肯定相比，新教「確信的勇氣」把做為個人與上帝互動的個體自我肯定為個體自我。這就使得宗教改革的個人主義（personalism）與後來形式的個體主義（individualism）和存在主義截然有別。

宗教改革家們的勇氣不是「做為一己存在的勇氣」，一如它也不是「做為部分存在的勇氣」。它超越和統一了這二者。這是因為「確信的勇氣」不是根植在對一己的確信。宗教改革所宣示的事情恰恰相反：人只有在不再以對一己的確信為基礎時，才有望對一己的存在產生確信。另一方面，「確信的勇氣」也不是建立在一己之外的任何有限物之上，甚至不是建立在教會之上。它只能建立在「上帝之上」，這個上帝是在一種獨一無二與個人性的互動中被經驗到。宗教改革的勇氣同時超越了「做為部分存在的勇氣」和「做為一己存在的勇氣」。它既不會受到失去一己的威脅，也不會受到失去一己世界的威脅。

罪疚和「接受『接受』的勇氣」

新教的「確信的勇氣」的核心，就是不理會罪疚意識而去接受「接受」（acceptance，譯注：指被上帝接受）的勇氣。路德與其所屬的時代，都是以對罪疚和天譴的焦慮為他們焦慮的主要形式。不理會這種焦慮而去肯定自己的勇氣，就是我們稱之為「確信的勇氣」的那種勇氣。它根植於對神的寬恕所抱持的確信，該確信是個人的、全面的和直接的。在所有形式的「存在的勇氣」中，都有對寬恕的信仰存在，甚至在新集體主義中也是如此。但沒有一種對人類生命的詮釋，像貨真價實的新教那樣突出這一點。歷史上也沒有運動，像新教一樣深刻與弔詭。

路德的名言「不正義者是正義」（這是就上帝的寬恕而言）或它較現代的同義語「不可接受者會被接受」，都鮮明表現出人戰勝了對罪疚和天譴的焦慮。我們大可以說，「存在的勇氣」就是不理會不被接受，而把一己做為被接受者加以接受的勇氣。我們用不著提醒神學家，這就是保羅—路德教派所說「因信稱義」的真義（這一教義的最初措辭方式，甚至連研究神學的學者也不能理解）。

但我們必須提醒神學家和牧師，在精神療法治療對罪疚的焦慮時，「接受」的觀念已經引起注意，並獲得了在宗教改革時期見於「罪的寬恕」（forgiveness of sins）和「透過信而稱義」（justification through faith）等短語中的意義。儘管不可接受卻得到接受——接受這一點是「確信的勇氣」的基礎。

這種自我肯定最具決定性的一點，在於它不取決於任何道德的、知識的或宗教的先決條件，不是善者、智者或虔誠者才有資格去接受自己的被接受，而是那些不具備這些品質而且知道自己不可被接受的人，才有資格具備這種勇氣。不過這並不意味被做為一己的一己所接受。它並不是一個人偶然的個體性稱義。它不是「存在主義式做為一己存在的勇氣」。它是一種吊詭行為，在其中，人被那無限超越個體自我者所接受。在宗教改革家們的經驗中，就有「不可接受的罪人被接受進上帝的審判性與轉化性的交流中」。

在這種情況下，「存在的勇氣」就是「接受恕罪的勇氣」，但這種接受不是抽象的斷言，而是做為與上帝互動的基本體驗。不理會對罪疚和天譴的焦慮，所做的自我肯定，預設了參與到某種超越自我的物事中。在醫治的交流中，例如在精神分析處境中，儘管病人感覺自己是不可接受的，但他參與到了接受他的醫師的治療能力中。醫師在這種關係中，並不代表做為個體的自己，而是代表接受和自我肯定的客觀力量。這種客觀力量透過治療者作用在病人身上。當然，它必須是體現在一個能認識罪疚、能裁判，也能不理會裁判結果而接受的人。

被不具個人之物（something which is less than personal）所接受，就永遠無法克服自我拒斥（self-rejection）。聽我懺悔的一幅牆，是無法對我表示出寬恕。如果一個人不是在個人對個人的關係中被接受，就談不上自我接受，而且即使一個人受到了另一個人的接受，他仍然需要一種自我超越的勇氣來接受這種被接受，他仍然需要「確信的勇氣」。因為，被接受不意味就沒有了罪疚。如果治療者設法說服病人他其實沒有罪，將會弄巧成拙。這樣將會阻止病人把自己的罪帶入自我肯定中。這時醫師也許可以幫助病人把錯置的精神官能性罪疚改放到正確位置，但千萬不可以告訴他：「你沒有罪。」醫師要在既不譴責什麼也不掩蓋什麼的情況下，把病人接納到他的交流中。

然而，正是在這一點上，宗教上「做為被接受的接受」（acceptance as being accepted）超越了醫學的治療。宗教尋求力量的終極源頭，這種力量能夠透過接受不可接受而治癒。宗教尋求上帝的幫助。被上帝接受，即被上帝寬恕和稱義，是「存在的勇氣」唯一且終極的源頭，這種勇氣能把對罪疚和天譴的焦慮納入自身。這是因為自我肯定的終極力量，只能是「存有自身」的力量。比這更弱的一切事物（不管是一己還是他人有限的存有力量），都不能克服人在自我譴責的絕望中經驗到的「非存有」極端和無限威脅。

這就是為什麼像路德等人所表現的「確信的勇氣」，不斷強調對上帝的唯一信任，而拒絕用其他東西來做為自己「存在的勇氣」的基礎，因為其他基礎不只不充分，還會驅使他進入更大的內疚和更深的焦慮。宗教改革家所帶來的訊息和他們那種不屈的去接受「接受」的勇氣，為十六世紀的人們帶來巨大的解放，是出於「因信稱義」的信條，即出於這樣的主張：「確信的勇氣」不受任何有限的東西制約，只受本身是無條件的物事所制約，以及受我們在個人對個人的互動中經驗為無條件的物事所制約。

命運與「接受『接受』的勇氣」

正如死神與魔鬼這些象徵性形象所顯示的，宗教改革時期的焦慮不僅限於對內疚的焦慮，還包括對死亡與命運的焦慮。古代晚期的占星術觀念得到文藝復興而復活，甚至影響了那些加入宗教改革的人文主義者。我們提過新斯多噶式勇氣，這種勇氣表現在文藝復興時期的某些繪畫中，畫中人的生命之舟雖然是由命運之風吹送，但方向仍然是掌握在自己手中。

路德在另一個層次上面對著命運的焦慮。他經驗到對罪疚的焦慮和對命運焦慮的關聯性。正是不安的良心在日常生活中產生出大量非理性的恐懼。被罪疚煩擾的人，即使只是聽到一片孤葉落地的聲音也會嚇得心驚肉跳。所以征服對罪疚的焦慮也是征服對命運的焦慮。「確信的勇氣」把對罪疚的焦慮乃至對命運的焦慮皆納入自身之中。它對兩者都持「不理會」的態度。這是神意說的真義。神意不是一種關於上帝行為的理論，而是面對命運與死亡的「確信的勇氣」的宗教象徵。因為「確信的勇氣」甚至會對死亡置之不理。

就像保羅一樣，路德清楚知道對罪疚的焦慮與對死亡焦慮的關聯。在斯多噶主義和新斯多噶主義中，本質性自我不受死亡的威脅，因為它屬於「存有自身」而超越非存有。蘇格拉底以他的本質性自我力量征服了對死亡的焦慮，變成了自己把死亡承擔起來的勇氣象徵。這就是柏拉圖所謂的靈魂不朽說的真義。在討論這種學說時，我們應該忽略那些有關不朽的論證，甚至不理會《斐多篇》（*Phaedon*）中的論證，而是把注意力集中在臨死的蘇格拉底身上。所有的論證（柏拉圖對它們一律持懷疑態度），都不過是在嘗試解釋蘇格拉底的勇氣，即那種「把死亡納入一己的自我肯定中的勇氣」。蘇格拉底確信，行刑者將要摧毀的那個自我，不是那個在受刑者「存在的勇氣」中肯定自身的自我。他沒有談太多這兩個自我的關係，而他也無法談太多，因為他們不是數量上的二，而是一體的兩面。但他清楚顯示出「赴死的勇氣」是「存在的勇氣」的測試。不對死亡做肯定的那種自我肯定，會設法逃避勇氣的測試，逃避以最激進的方式面對非存有。

在西方世界廣為流行的不朽信念，是一種勇氣和逃避的混合物，這種信念已經很大程度上取代了基督教的復活象徵。這種信念設法維持一己的自我肯定，哪怕是面對自己必有一死的處境時亦復如此。但它的方式是把人的有限性（即非死不可）無限的延續下去，以致實際的死亡永不來臨。然而，這是一種幻想，而且從邏輯上來說也是自相矛盾的。它把那必有結束之物弄成永不結束。換句話說，「靈魂不朽」是面對人終有一死處境的「存在的勇氣」的可憐象徵。

表現在柏拉圖筆下「蘇格拉底的勇氣」，不是基於靈魂不朽說，而是基於蘇格拉底對自己本質性和不可摧毀存有的肯定。他知道他屬於實在的兩個序列，其中一個是超時間性的。蘇格拉底的勇氣比任何哲學反思更能向古代世界揭示，每個人都屬於兩個序列。

但在蘇格拉底式（斯多噶主義式和新斯多噶主義式）敢於承擔自身死亡的勇氣

中有一個預設，那就是每個人都參與到兩個序列，也就是參與到「時間性」和「永恆性」的能力。這個預設不為基督教所接受。根據基督教的觀念，我們已經疏離了我們的本質性存有。我們不能自由的去實現我們的本質性存有，而且註定要與之抵觸。因此，我們只能透過一種確信的狀態去接受死亡，在其中，死亡不再是「罪的工價」（編按：工價的說法出自《聖經》，指的是我們作工所得的報酬，在此可以解讀為代價）。

然而，這正是一種不理會其為不可接受而接受的狀態。這是基督教改變古代世界之處，也是路德勇於面對死亡之緣由。承托著這種勇氣的是被接納到與上帝的交流中，不是可疑的靈魂不朽理論。在路德的概念下，與上帝互動不只是承擔一己的罪與天譴的勇氣基礎，還是承擔起一己的命運與死亡的基礎。因為與上帝互動意味著與超越塵世的安全和永恆互動。參與到上帝之中的人也參與到永恆中。但為了要參與到祂之中，你必須要被祂接受，也必須要接受祂對你的接受。

路德經驗過他所謂的澈底絕望的攻擊，曾被撲天蓋地的無意義感吞噬。這一刻，他感受到來自撒旦的攻擊，感覺一切都備受威脅，包括他的基督教信仰、他對自己事工的信心、宗教改革和對罪的寬恕。一切都在這種絕望的極端時刻崩潰，「存在的勇氣」也蕩然無存。在這些時刻中的路德，還有他對這些時刻的描述，預示了現代主義對它們的描述。但對路德來說，這些時刻不是最後定論。最後定論是十誡的第一誡，即上帝是上帝的斷言。它提醒了路德人類經驗中的無條件成分，那甚至在無意義的深淵中也能察覺得到，而正是這種察覺拯救了路德。

不應忘記的是，再洗禮派成員和宗教社會主義者閔采爾（Thomas Münzer，他是路德的大對頭）也描述過類似經驗。他談到過一種終極處境，在其中，一切有限之物都透露出它們的有限性；在其中，有限者走到了盡頭；在其中，人的心被焦慮攫住；在其中，所有原有的意義都分崩離析。而就因為這個緣故，在其中，聖靈讓自己被人感受到，讓整個處境變成一種「存在的勇氣」，其表述是革命行動。

路德代表的是有教會結構的新教，閔采爾代表的是福音派的激進主義。兩人都形塑了歷史，而且事實上閔采爾在美國的影響力超過了路德。兩人都經驗過對無意義感的焦慮，並使用基督教神祕主義者的用語對這種經驗做出描寫。但在這樣做的時候，他們超越了以「與上帝的個人互動為基礎」的「確信的勇氣」。他們必須接受以「神祕主義合一為基礎」的「存在的勇氣」的成分。這產生了最後一個問題：有鑑於對懷疑和無意義感的焦慮在我們的時代大行其道，這兩類型接受「接受」的勇氣，是否有可能統一起來？

「絕對信仰」與存在的勇氣

不管是在描述以神祕主義合一為基礎的「存在的勇氣」，還是描述以人與上帝的個人互動為基礎的「存在的勇氣」時，我們都避免使用信仰（faith）一詞。這部分是因為信仰的概念已經失去了它的本真意義，而具有了「相信不可信事情」的意涵。但這並非是我們使用信仰以外詞語的唯一原因。決定性原因在於，我不認為神祕主義合一或個人性互動是信仰的充分意義。

當靈魂從有限提升到無限而達到與存有的根基統一時，固然是有信仰存在，但信仰的內涵並不僅止於此。人與上帝發生個人性互動時，固然是有信仰存在，但信仰的內涵也不僅止於此。信仰是一種被「存有自身」力量攫住的狀態。「存在的勇氣」是一種信仰的表達，而信仰之所指必須透過對「存在的勇氣」的了解獲得。我們先前把勇氣界定為不理會非存有的威脅，而對存有做出自我肯定。這種自我肯定的力量就是存有的力量，它在一切勇敢的行為中起到作用。信仰就是對這種力量的體驗。

但這種體驗具有弔詭性質，即具有接受「接受」的性質。「存有自身」無限的超越了一切有限之物，上帝在人神互動中無條件的超越了人。信仰在這無限的鴻溝上架起了橋梁，所用的方法是接受以下的事實：存有力量不理會這道鴻溝而呈現，讓被分離者得到了接受。信仰接受了這個「不理會」，而從信仰的「不理會」中產生出勇氣的「不理會」。

信仰並不是對某種不確定東西的理論性肯定，而是對某些超越平常經驗的東西的存在性接受。信仰不是觀念，而是狀態。它是被存有的力量攫住的狀態，這一力量超越一切存在之物，而且一切存在之物也參與到這一力量中。被這力量攫住的人可以肯定自己，因為他知道自己得到「存有自身」力量的肯定。在這一點上，神祕主義體驗和人神個人性互動是同一的。在兩者，信仰都是「存在的勇氣」的基礎。

對一個以懷疑和無意義感的焦慮大行其道的時代（我們的時代就是如此），這一點至關重要。我們的時代當然不缺對命運和死亡的焦慮：隨著我們時代所患的精神官能症將我們最後一點的安全感奪走，我們對命運的焦慮與日俱增。我們當然也不缺對罪疚和天譴的焦慮：從精神分析和個人諮詢冒出來對內疚的焦慮多得讓人吃驚。兩個世紀以來，新教主義和布爾喬亞對生命力的壓抑所產生的罪疚，絕不少於中世紀大談地獄和煉獄之恐怖的講道詞。

不過即使有這些種種考慮，我們還是必須說我們時代的決定性焦慮，是對懷疑和無意義感的焦慮。人們害怕已經失去或將會失去生命的意義。對這一處境的表現就是存在主義。

哪一種勇氣能夠把表現為懷疑和無意義感的非存有納入自身呢？在尋求「存在的勇氣」時，這個問題最重要，也最使人不安。這是因為對無意義感的焦慮，會瓦解那些在「對命運和死亡的焦慮」和那些在「對罪疚和天譴的焦慮」裡本來還沒有被動搖的東西。在對罪疚和天譴的焦慮中，懷疑還沒有動搖終極責任的確定性。我們受到威脅，但還沒有被摧毀。然而如果懷疑和無意義感在人的經驗中占有壓倒性優勢，人就會落入深淵，生命的意義和終極責任的真理皆會消失不見。

沒有這種感受的有兩類人。一是斯多噶主義者，他們以蘇格拉底式「智慧的勇氣」（courage of wisdom）征服了對命運的焦慮。另一是基督徒，他們以接受寬恕的勇氣，在一個不同處境中征服了對罪疚的焦慮。對他們來說，甚至在因必死而絕望和因自我譴責而絕望時，意義仍然得到肯定，確定性仍然得到保存。但這兩類人在因為懷疑和無意義感而絕望時，都會被非存有吞噬。

隨之而來的問題便是：有沒有一種勇氣，可以征服對無意義感和懷疑的焦慮？換一種問法就是：把「接受」接受下來的信仰，是否能抵禦以最激進形式出現的非存有？信仰能否抵抗無意義感？有沒有一種信仰可以與懷疑和無意義感並存？這些問題引導我們去思考本講座所討論問題的最後一個面向，也是與我們時代最關切的面向：如果產生「存在的勇氣」的所有管道，都為我們對於這些渠道最終無用的體驗所堵塞，「存在的勇氣」又如何可能？如果生就像死一樣無意義，如果罪疚就像完善一樣可疑，如果存有沒有比非存有更富於意義，「存在的勇氣」又要建立在什麼基礎上？

有些存在主義者為了回答這些問題，傾向於從懷疑跳躍至教條式的確定性，從無意義感跳躍至體現特定教派或政治團體意義的象徵物上。這種跳躍可以有很多種解釋。它或許是渴望安全的表徵；它或許就像任何決定一樣武斷（根據存在主義，一切決定都是武斷的）；它或許是感覺基督教的訊息足以回答在對人類存在進行分析時所引起的問題；它或許是一種真正的皈依，無關乎任何理論立場。但不管怎樣，它都不是對極端懷疑的解決之道。它給了那些皈依者存在的勇氣，但沒有回答這樣一種勇氣是如何可能。

要解釋這種可能，首先必須承認無意義狀態。如果一種解釋要求撇開這種無意義狀態，它就不成為其解釋，因為無意義狀態是撇不開的。被懷疑和無意義感攫住的人無法擺脫這種箝制，但他尋求一個在他的絕望處境之內有效的解釋。他尋求我們稱之為「絕望的勇氣」（courage of despair）的終極基礎。如果一個人不試圖迴避問題，那就只有一個可能的答案：「接受絕望」（acceptane of despair）這本身就是信仰，它就處於「存在的勇氣」的邊緣。在這種處境中，生命的意義被化約為對生命意義的絕望。

但只要這絕望是一種生命的行為，它就是否定中的肯定。反諷的說，我們可以認為對生命的反諷就是忠於生命的表現。宗教的說，我們可以認為這是一個人把自己做為被接受而接受，不理會它對這種接受意義的絕望。每一種激進的否定性，只要它是一種積極的否定性，都會包含著如下這個弔詭：為了能否定自己，它必須肯定自己。沒有現實的否定可以不包含一個隱含的肯定。由絕望所產生的隱祕快感見證了自我否定的弔詭性質。否定者的生命就來自它所否定的肯定者之中。

讓「絕望的勇氣」可能存在的信仰，就是對存有力量的接受，哪怕是在非存有的箝制中仍然如此。即使是在對意義的絕望中，存有仍然透過我們肯定自身。接受無意義感的行為本身就是一種有意義的行為。它是一種信仰的行為。我們已經看過不理會命運和罪疚而有勇氣肯定自己存有的人，並沒有移除命運和罪疚。他仍然會被它們所威脅和打擊。但他接受他被「存有自身」的力量接受，這是一種他參與其中的力量，也給予他勇氣去承擔對命運和罪疚的焦慮。同樣道理也適用於懷疑和無意義感。能產生勇氣去把懷疑和無意義感納入自身信仰，是沒有特殊內容的。它僅僅是信仰，是不受任何指引的「絕對信仰」。它是不可定義的，因為一切可定義的物事都會被懷疑和無意義感瓦解。儘管如此，「絕對信仰」也不是一種主觀情緒的爆發或沒有客觀基礎的心緒。

分析「絕對信仰」的性質，顯示它有如下成分。首先是對存有力量的體驗——即使面對非存有最激進的展現，這種體驗還是存在。如果我們說在這種生命中的生命力抗拒著絕望，那麼我們也必須補充表示，生命力的強弱是與意向性成正比的。能夠經受無意義深淵的那種生命力，會在意義的瓦解中察覺到隱藏著的意義。「絕對信仰」的第二個成分是非存有體驗對存有體驗的依賴，以及無意義體驗對意義體驗的依賴。即使是在絕望狀態中，人一樣有足夠的存有讓絕望成為可能。「絕對信仰」的第三個成分是對「接受」的接受。當然，在絕望狀態中，既無人也無物去進行接受。但接受的力量本身會被體驗到。只要能被體驗到，無意義感就包含著對「接受的力量」（power of acceptance）的體驗。自覺的接受這接受的力量，就是對「絕對信仰」的宗教回答。這是一種被懷疑奪走一切具體內容的信仰，但它畢竟還是信仰，是存在的勇氣最弔詭展現的泉源。

這種信仰同時超越神祕主義經驗和人神互動。神祕主義經驗看似比較接近絕對信仰，事實卻非如此。「絕對信仰」包含一個懷疑主義的成分，這是無法在神祕主義經驗中找到。神祕主義當然也超越所有具體內容，但這不是因為它懷疑那些內容或者認為那些內容無意義。相反的，它認為這些內容只是開端之物。神祕主義把具體內容做為階梯，使用之後便棄如敝屣。但無意義經驗卻否定了具體內容（和一切因它們而生的東西），而沒有使用它們。無意義感的體驗要比神祕主義極端，所以它超越神祕主義體驗。

「絕對信仰」也超越人神互動。在這種互動中，主體—客體的架構是有效的：一個特定的主體（人）遇到了一個特定的客體（上帝）。我們也可以認為特定主體是上帝，特定客體是人。但在這兩種情況中，來自懷疑的攻擊都會破壞主客結構。強烈主張人神互動有效性的神學家應該會意識到，這種互動有時會被極端的懷疑阻止，以致除了絕對信仰以外什麼都不剩。然而，接受這種情況為宗教有效，會導致普通信仰的具體內容必須要受到批評和轉化。激進形式的「存在的勇氣」，正是理解同時超越神祕主義和個人性相遇的上帝觀念的關鍵。

2 做為「存有自身」的關鍵

開啟存有的非存有

各種形式的「存在的勇氣」皆具有揭示性質。它顯示存有的本性，顯示存有的自我肯定是一種克服否定的肯定。用比喻性的話來說（任何有關「存有自身」的斷言要不是比喻性就是象徵性），我們大可以說，存有包含非存有，但非存有並沒有壓倒存有。「包含」是一個空間隱喻，是指存有不只涵蓋自身，還涵蓋它的對立面，即非存有。非存有屬於存有，不能與存有割裂。不採用雙重否定的話我們甚至不能思考存有：存有必須被視為對存有的否定之否定。

這也是為什麼我們可以用隱喻「存有的力量」對存有做最好描述。力量是一個存在物不理會其他存在物的抵抗而實現自身的可能性。如果我們談論「存有自身」

的力量，我們是指存有肯定自身而反對非存有。在我們對「存在的勇氣」的討論中，我們提過生命哲學家對實在界的動力學理解，這樣的理解之所以可能，是因為有一個前提：接受非存有屬於存有，接受存有少了非存有的話將不能做為生命的根基。存有在排除非存有後所做的自我肯定甚至不算是自我肯定，只不過是一種僵化的自我同一罷了。如此一來什麼都不能被展現，什麼都不能被表達，什麼都不能被揭示。但非存有可以驅使存有脫離它的隔絕狀態，迫使存有動態的肯定自身。

每當哲學採取一種辯證的思路時，就是在處理「存有自身」的動態自我肯定，這在新柏拉圖主義、黑格爾、生命哲學家和過程哲學家身上特別明顯。每當神學認真的對待活生生的上帝（living God）的觀念時也是如此，這最顯著表現在他們對上帝的內在生命所做的三位一體象徵上。斯賓諾莎對實體的定義雖然為靜態（實體是他稱呼存有的終極力量的用語），但是當他談到「愛與知」時（他指出上帝是透過對有限存在物的「愛與知」而去愛和認識自己），他把哲學和神祕主義這兩種傾向統一了起來。

非存有（它使得上帝的自我肯定成為動態性）打破了神的自我孤立，把祂做為力量和愛揭示出來。非存有讓上帝成為一個活生生的上帝。如果在祂自身和祂的創造物身上沒有祂必須克服的否定，那麼神聖的肯定對祂也就是沒有生命的。那樣就既沒有來自存有根基的任何揭示，也沒有生命。

但哪裡有非存有，哪裡就有著有限性和焦慮。如果我們說非存有屬於「存有自身」，我們就是說有限性和焦慮屬於「存有自身」。當哲學家或神學家談到神福（divine blessedness，編按：是一種屬於上帝本身的圓滿、永恆、無缺乏的存在狀態，是神的「自足之福」）時，他們會隱含的（有時是公開的）談到對有限性的焦慮，那是一種被永遠納入神福中的焦慮。無限者涵蓋自身和有限者，肯定涵蓋自身和被它納入自身之中的否定，神福涵蓋自身和被其俘虜的焦慮。如果我們說存有包含著非存有並透過非存有而顯露自己，那麼我們便已暗示了以上的幾點意思。這是高度象徵性的語言，但也是這裡所必須運用的語言。不過它的象徵性質並不減低它的真理性。正好相反，那是它的真理性的一個條件。以非象徵的方式談論「存有自身」反而是不真切的。

神的自我肯定是讓有限存在物的自我肯定（即「存在的勇氣」），成為可能的力量。只有因為「存有自身」具有不理會非存有而自我肯定的性質，勇氣才成其為可能。勇氣參與到「存有自身」的自我肯定中，參與到比非存有強大的存有力量中。在神祕主義體驗、人神互動體驗或絕對信仰中獲得這種力量的人，會知道他的「存在的勇氣」的源頭何在。

人不必然會意識到這個源頭。在犬儒主義和漠不關心的處境中，人就察覺不到它。但只要他一直有勇氣承擔焦慮，這一源頭就在他身上起到作用。在「存在的勇氣」的行動中，存有的力量就在我們身上起到作用，而不管我們是否知曉。每一個有勇氣的行動都是存有根基的展現，不管這行動的內容如何可疑。內容可能隱蔽或者扭曲真正的存有，但它裡面的勇氣仍然會揭示真正的存有。透過肯定我們的存有，我們參與到「存有自身」的自我肯定中。不存在有關上帝「存在」的有效論證，但卻存在我們用以肯定存有力量的勇敢行動——不管我們知道與否。如果我們知道，我們就是自覺的接受「接受」；如果我們不知道，那我們也仍然在接受它和參與它。在我們把我們不知者接受下來時，存有的力量就向我們展現。勇氣具有揭示的力量，而「存在的勇氣」是通向「存有自身」的關鍵。

被超越的有神論

人將無意義感納入自身的勇氣，預設了一種與存有根基的關係，我們已把這種關係稱為「絕對信仰」。它沒有特別的內容，但不是沒有內容。「絕對信仰」的內容是「上帝之上的上帝」，其結果（將激進的懷疑，也就是對上帝的懷疑，納入自身的勇氣）超越了有神論的上帝觀念。

有神論可以意謂對上帝的非具體肯定。這個意義的有神論並不會說明它用上帝一詞時意指什麼。基於上帝一詞的傳統內涵和心理學內涵，這種空洞的有神論在談到上帝時也能使人產生崇敬之情。政客、獨裁者和其他想用修辭手段感染聽眾的人，很愛使用這種意義上的上帝。它讓聽眾覺得講話者是嚴肅認真，道德上可信賴。如果他們指控對手是無神論者，這一招會更靈。

在一個更高的層次上，沒有具體宗教委身的人喜歡自稱為有神論者。他們這樣做不是別有所圖，而是因為他們不能忍受一個沒有上帝的世界，不管這上帝是什麼。他們需要上帝一詞的某些涵意，也害怕他們稱之為無神論的東西。在這種有神論的最高層次上，上帝這一名稱被用為詩意或實用的象徵，表達一種深邃的情感狀態或最高的倫理觀念。

這種有神論處於第二種有神論和我稱為「被超越的有神論」之間的界線上。但它仍然太不確定，不足以跨越這條界線。對這一類有神論所做的無神論否定，模糊得就像這種有神論本身。它可能使人們對有神論的篤信者產生不敬之心或惱怒之情。它甚至可能讓人覺得反對濫用上帝的名，以理直氣壯達到政治—修辭目的，但最終，這種否定與它所否定的有神論一樣沒有多大意義。它達不到絕望的狀態，就像它所攻擊的有神論達不到信仰的狀態。

有神論還可以有另一個意義，指的是我們一直所稱的人神互動。在這種情況下，它是指猶太教—基督教傳統中強調人與上帝之間個人對個人關係的那些成分。這種意義的有神論強調《聖經》和新教信條中那些個人主義的篇章，強調上帝的人化形象，強調言詞（word）是創造與啟示的工具，強調上帝的國（kingdom of God）的倫理和社會特徵，強調信仰和寬恕的個人性質，強調宇宙的歷史願景，強調神的目的觀念，強調造物主和受造物之間的無限距離，強調上帝與塵世的絕對分離，強調神聖的上帝和有罪的人之間的衝突，強調禱告和實際奉獻的個人對個人性質等。這個意義的有神論，是聖經宗教（biblical religion）和歷史上基督教的非神祕主義部分。從這種有神論的觀點看，無神論就是企圖逃離人神互動。那是一個存在難題而不是理論難題。

有神論還有第三個意義，這是嚴格神學上的意義。神學有神論（theological theism）就像每一種神學一樣，有賴它加以概念化的宗教實體。在設法證明有必要以某種方式肯定上帝一事上，它有賴第一種意義的有神論：它常常提出可以證明上帝存在的所謂「論證」。但神學有神論在另一種情況下會更依賴第二種意義的有神論，那就是當它設法把人神互動轉化為兩者（不管有沒有相遇）有著相互依賴關係之說時。

第一種意義的有神論是必須被超越的，因為它是不相干的。第二種意義的有神論也是必須被超越的，因為它是片面的。但第三種有神論也必須被超越，因為它是錯誤的。它是一種蹩腳的神學。這一點透過一種更銳利的分析就可見得。神學有神論的上帝是一個與其他存在物並列的存在物，也因此是實在整體的一部分。祂固然被認為是這個整體最重要的部分，但仍然是一個部分，也因此是受制於整體的結構。上帝本應超出於構成實在的種種存有論成分和範疇。

每一句有關祂的陳述都讓祂從屬於這兩者。祂被視為一個有一個世界的自我（self）、一個與一個汝（thou）有關的我（ego），一個與它的果（effect）有別的因（cause）、擁有確定的空間和無限的時間。它是一個存在物，不是「存有自身」。因此，祂受縛於實在的主客結構，是對做為主體的我們的客體。與此同時，我們是做為一個主體的祂的客體。

就是這一點讓超越神學有神論變得必要。因為做為主體的上帝讓我們變為只能是客體的客體。因為祂無所不知和無所不能，祂剝奪了我的主體性。我起而反抗和設法讓祂變成一個客體，但我反抗失敗而陷入絕望。上帝以無敵的暴君形象出現，與祂的存在相對照，所有其他存在都失去了自由和主體性。祂與晚近的一些暴君並無二致，這些暴君借助恐怖手段力圖把每一事物都變成單純的客體，變成眾物中的一物，變成他們控制機器裡的一個齒輪。祂成為了存在主義要反抗的一切典範。尼采說過，祂是那種我們必須殺死的上帝，因為沒有人能夠忍受自己被弄成絕對知識和絕對控制的一個對象。這是無神論的最深根源。這種無神論的合理性，是出於它對神學有神論及其讓人不安的內涵的反動而獲得。它同時也是因為存在主義式絕望和對無意義感的焦慮，在我們時代廣為瀰漫的最深根源。

所有形式的有神論，都在我們稱為「絕對信仰」的經驗中被超越。那是一種對「接受」的接受，但其中並沒有任何具體的人或事物是做為接受的對象，因為去接受和給予存在的勇氣的是「存有自身」的力量。這是我們分析達到的最高點，在這裡我們無法採用描述各種形式有神論上帝的那種方式來描述這一高點，也無法用神祕主義的語言來描述它。它同時超越神祕主義體驗和人神互動體驗，也就是它同時超越「做為部分存在的勇氣」和「做為一己存在的勇氣」。

「上帝之上的上帝」與存在的勇氣

「存在的勇氣」的終極源頭是「上帝之上的上帝」，這是我們要求超越有神論的結果。除非有神論的上帝被超越，對懷疑和無意義感的焦慮才能被納入存在的勇氣中。「上帝之上的上帝」是所有神祕主義嚮往的對象，但要到達這種境界，神祕主義本身一樣需要被超越。

神祕主義並不認真對待具體之物和對具體之物的懷疑。它直接一頭栽入到存有和意義的根基裡，把具體事物（即有限價值和意義的世界）拋在後頭。因此它並沒有解決無意義感的問題。以當前的宗教狀況而言，這意味著東方神祕主義不是對西方存在主義難題的解決之道，儘管許多人嘗試採取這一方法。

有神論的「上帝之上的上帝」，不是那些被懷疑拋入無意義深淵的意義貶意，祂是對意義的潛在補償。然而絕對信仰與神祕主義隱含的信仰之間仍有共通處，那就是兩者都超越了對做為一種存在物的上帝所做的有神論客體化。在神祕主義看來，這樣的上帝沒有比任何存在物更真；在存在的勇氣看來，這樣的上帝已經隨著每一種其他的價值和意義而消失在無意義感的深淵中。

有神論的「上帝之上的上帝」儘管隱匿，卻呈現在所有的人神互動中。除了新教神學，聖經宗教也意識到這種互動的弔詭性格。它們意識到，如果上帝與人互動，則上帝既非客體亦非主體，因此是超越有神論的那個框架。它們意識到，有關上帝的人格主義（personalism）會被神的超個人臨在（transpersonal presence）所平衡。它們意識到，只有接受的力量在人身上起作用（用《聖經》的話來說，就是只有恩典的力量在人身上起作用），寬恕才可能被接受。它們意識到一切禱告的弔詭，因為人不可能和某個並非某人的人說話，因為人不可能求某個在他祈求之前已經決定了要不要賜予的人，因為人不可能稱一個離我比我離自己更近的人為「汝」。以上這些弔詭，都把宗教意識推向了一個「上帝之上的上帝」。

根植於對「上帝之上的上帝」的體驗，統一和超越了「做為部分存在的勇氣」及「做為一己存在的勇氣」。它同時避免了因為參與而失去自己，以及因為個體化而失去自己的世界。接受「上帝之上的上帝」讓我們不是成為了一個部分的一部分，而是成為了整體根基的一部分。所以我們的自我沒有喪失在一個更大的整體裡，沒有被有限的群體淹沒掉。如果說自我參與到「存有自身」的力量中，它也是在迎回自己。因為存有的力量是透過個體自我的力量而行動。它不像每個有限的整體、每個集體主義體系和每個齊一主義體系那樣，會把自我吞噬。這就是為什麼教會宣稱自己是「存在的勇氣」的中介者，因為教會代表了「存有自身」的力量或者代表了超越諸宗教中那個上帝的上帝。一個以有神論上帝的權威為基礎的教會，是無法做出這種聲稱。那種教會遲早會發展成為集體主義或半集體主義體系。

但是如果一個教會能夠在它的訊息和它對「上帝之上的上帝」的奉獻之中，高舉自身又不犧牲掉它的具體象徵，它就能夠成為把懷疑和無意義感納入自身的那種勇氣的中介。只有那種以十字架為象徵的教會能做到這一點。這種教會傳揚的是被釘上十字架的那一位，他曾向上帝呼告，該上帝在確信的上帝（God of confidence）離他而去，且讓他陷入懷疑和無意義感的黑暗之後，繼續是他的上帝。成為這種教會的一部分就是去獲得一種「存在的勇氣」，這種「存在的勇氣」不會讓人失去自我，而且能讓人獲得自己的世界。

絕對信仰或者說被「上帝之上的上帝」攫住的存有狀態不是一種和心靈其他狀態並列的狀態。它絕不是某種分離和確定之物，絕不是可被孤立出來和加以描繪。它總是在心靈其他狀態中活動、與它們一起活動和受它們的影響。它是處在人的可能性邊緣上的處境。它就是這邊界。所以它既是絕望之勇氣，又是每一種勇氣中的勇氣和超越每一種勇氣的勇氣。它不是人可以生活在其中之處，它沒有詞語和概念所提供的安全，它沒有名稱，沒有教堂，沒有崇拜，沒有神學。但它運行在這一切的深處。它是存有的力量，這一切參與其中，是它的片斷式表述。

當原本能讓人承受命運無常與死亡恐怖的那些傳統象徵失去力量，人就能在對命運與死亡的焦慮中，意識到絕對信仰。當「天意」變成一種迷信而「不朽」變成想像物時，那些象徵中曾有過的力量依然能夠存在，並產生出存在的勇氣而無視對混沌世界和有限存在的經驗。斯多噶式勇氣東山再起，但不是做為對普遍理性的信仰。它是以絕對信仰的身分東山再起，這種信仰對存有進行肯定，而用不著去看可能戰勝命運和死亡中非存有的任何具體東西。

當原本能讓人承受罪疚和天譴焦慮的傳統象徵失去力量，人就能在對罪疚和天譴的焦慮中，意識到「上帝之上的上帝」。當「神的審判」被解釋為一種心理學情結，而「寬恕」被解釋為「父親形象」的殘餘時，那些象徵中曾有過的力量依然能夠存在，並產生出存在的勇氣而無視我們所體驗到的，我們的實際所是與我們的應該所是之間存在著無限大鴻溝。路德式勇氣東山再起，但不是由對一個行審判和賜寬恕的上帝的信仰支持。它是以「絕對信仰」的身分東山再起，這種信仰對存有進行肯定，儘管並沒有特殊力量可以征服罪疚。承擔對無意義感焦慮的勇氣，乃是存在的勇氣所能到達的最邊緣處。越過這條邊界只剩純然的非存有。在這邊界的範圍內，所有形式的「存在的勇氣」都在「上帝之上的上帝」的能力中得到重新確立。存在的勇氣，根植於那個「當上帝在懷疑的焦慮中消失時」所出現的上帝。

一張表，看懂「絕對信仰」

「絕對信仰」指的就是「接受『接受』的勇氣」，不只是「努力存有」或「自我肯定」，更是接受被存有肯定，進而超越個人意志、群體依賴、信仰規範，而進入終極的存有體驗，與前面幾章所提的「存在的勇氣」有著超越層次上的不同。

項目	存在的勇氣	絕對信仰
焦慮來源	實有性焦慮：對生存、非存有的恐懼	終極焦慮：對無意義與純粹非存有的恐懼
勇氣的核心	透過外部意義來肯定自身存在	不尋求外部確定性，而是接受純粹的存有
應對方式	依賴宗教信仰、文化、哲學來對抗焦慮	完全放下對確定性的追求，承擔自身的不確定性
意義系統	仍然透過某種超越性的存在（如上帝、理性、道德、信仰）來獲得意義	超越意義，進入「存有自身」的純粹信任，不再對抗虛無，而是接受它，並在接受中找到力量
宗教層面	例如基督教的「因信稱義」，透過對上帝的信仰獲得自我肯定	超越傳統宗教信仰，進入「上帝之上的上帝」，超越一切具象信仰
最終目標	讓自己能夠在世界中找到存在的理由	不再需要理由，而是接受自身已被存有所接納

心靈漫步

存在的勇氣：會害怕也沒關係！其實，你可以比想像的更勇敢

2025年4月初版　　定價：新臺幣420元
有著作權・翻印必究
Printed in Taiwan.
著　　者　Paul Tillich
譯　　者　梁　永　安
叢書編輯　賴　玫　秀
副總編輯　陳　永　芬
校　　對　郭　盈　秀
內文排版　王　信　中
封面設計　張　　　巖

出　版　者　聯經出版事業股份有限公司
地　　　址　新北市汐止區大同路一段369號1樓
叢書主編電話　(02)86925588轉5320
台北聯經書房　台北市新生南路三段94號
電　　　話　(02)23620308
郵政劃撥帳戶第0100559-3號
郵撥電話　(02)23620308
印　刷　者　文聯彩色製版印刷有限公司
總　經　銷　聯合發行股份有限公司
發　行　所　新北市新店區寶橋路235巷6弄6號2樓
電　　　話　(02)29178022

編務總監　陳　逸　華
副總經理　王　聰　威
總 經 理　陳　芝　宇
社　　長　羅　國　俊
發 行 人　林　載　爵

行政院新聞局出版事業登記證局版臺業字第0130號

本書如有缺頁，破損，倒裝請寄回台北聯經書房更換。　ISBN 978-957-08-7644-4 (平裝)
聯經網址：www.linkingbooks.com.tw
電子信箱：linking@udngroup.com

國家圖書館出版品預行編目資料

存在的勇氣：會害怕也沒關係！其實，你可以比想像的更勇敢/
Paul Tillich著．梁永安譯．初版．新北市．聯經．2025年4月．312面．
14.8×21公分（心靈漫步）
ISBN　978-957-08-7644-4（平裝）
譯自：The courage to be
1.CST：勇氣　2. CST：焦慮　3.CST：存在主義

199.65　　114003569